弘兼憲史

弘兼流 50歳からの定年準備

人生後半を自分のために生きるコツ

東洋経済新報社

はじめに　50代は第二の人生の助走期間

「格差社会」とか「二極化」といった言葉を、最近はよく聞きます。

かつて大多数を占めていたサラリーマンの「中間層」が没落し、社会は一部の「勝ち組」と大多数の「負け組」に分かれてしまった、というイメージでしょうか。

その影響をもっとも受けているのが、50代かもしれません。

彼らが就職したのは、1980年代半ばから90年代初頭のバブル全盛期。大企業の大量採用により、想定以上の〝いい会社〟に入れた人も多いと思います。

ところがその後、日本経済は「失われた20年」と呼ばれる大停滞期に入ります。

〝いい会社〟の業績も傾き、生き残りを賭けてリストラに踏み切らざるを得なくなる。その最大のターゲットになったのが、もともと人数の多いバブル入社組、つまり今の50代です。

系列会社や辺境地などに飛ばされる程度ならまだいい。完全に会社から縁を切られることもよくあります。

中高年になってからの再就職がいかにつらいかは、想像に難くないでしょう。

かといって、肩を叩かれなければ「勝ち組」かというと、そうでもありません。人が減った分、仕事量も責任も増えます。ちょうど組織内では中間管理職の年代なので、上からも下からも圧力がかかります。

精神を病んでしまう人が多いのも、ある意味で必然かもしれません。

その挙げ句、**会社で自分が将来どんな処遇になるのか、なんとなく見えてくるのも50代です。**

そのまま出世コースに乗って役員に昇り詰める人もいれば、現状が行き止まりで閑職に追いやられる人もいる。

一発逆転は、よほどのことがないかぎり難しいでしょう。

それでもいいじゃないかというのが、本書の一番のメッセージです。

50歳になったら、もう他人と競争するのは止めて、自分なりの「幸福」を探してみようということです。

80～90歳まで生きるとすれば、まだ30～40年もあります。一方、会社の仕事は、どんなにがんばってもあと10～15年でしょう。いざ定年になったとき、翌日から何もやることがないというのは、かなりつらいものがあります。

だから、人生の後半戦を見据えて、今のうちにリセットして再スタートの準備をする必要がある。

そうすれば、それまでの会社人生とは違う道が開けてくるはずです。

あるいは50代といえば、家庭に帰ればたいてい大黒柱でもあります。奥さんとの微妙な距離感、子どもの教育や就職、老親の世話や介護など、「これぞ人生」と言わんばかりに面倒な問題が降り掛かってくる時期でしょう。

会社では先が見え、家庭では息つく暇もないとすれば、ストレスは溜まる一方かもしれません。そういう状況を「つらい」「苦しい」とばかり受け止めていると、本当に生きるのがつらくなってきます。

フランスの哲学者アランの『幸福論』の中に、「悲観主義は気分によるもの、楽観主義は意志によるものである」という有名な言葉があります。

日常は気分に流されがちだからこそ、しっかり意志を持つことが大事なのだと思います。

状況がどうであれ、無理にでも「楽しい」「なんとかなる」と思い込むように仕向けること。つまりは、ものの見方や考え方を少しだけ変えてみること。それによって、本当に世の中が明るく見えてくるのではないでしょうか。

僕はもう70歳を過ぎました。今の50歳から見れば、ちょうど20年ほど先輩です。それなりの経験も積んできたので、彼らを見ていていろいろ思うことがあります。あるいは自分が50歳だったころを思い返し、アドバイスしたいことも多々あります。本書には、そのエッセンスを詰め込んでみました。

ただし、20年前と今とでは、社会環境もずいぶん変わっています。まだバブル後遺症の中にいた当時に比べれば、さすがに経済は多少上向いているようです。しかし財政は、当時よりはるかに悪化しています。その一因ともなっているのが、急速な人口減少と少子高齢化の進展です。

人口が減るということは、それだけ経済の活力が失われるということです。中長期的に、日本経済はなだらかに下降していくでしょう。少なくとも、もうバブルのような時代はあり得ない。

好むと好まざるとにかかわらず、僕たちはそういう時代に生きているということです。

さらには、東日本大震災クラスの天変地異もあるかもしれない。複雑なアジア情勢、中東情勢、あるいは大規模なテロ事件などをきっかけに、世界的な戦争も起こるかもしれない。

これはいつの時代でも言えることですが、そういうこともあり得るということを前提に、生き方を考える必要があります。

これは〝脅し〟ではありません。

明日、何があるかわからないからこそ、今日のうちにできることをやっておこうということです。

ピンチが多いということは、むしろ従来にないチャンスに出会える可能性が高いということでもあります。不安定な世の中でも、自分なりの楽しみや生きがいを見つけることができる。そのヒントを、僕なりに提案していこうと思います。

会社にしがみつくことは重要なのか？

仕事でもうひと花咲かせる道はあるのか？
60代に向けて何を準備すればいいのか？
友人が多いことは幸せなのか？
親として子どもに何を教えればいいのか？
老いらくの恋はみっともないのか？　……

50代の悩みは尽きません。しかし本書でふっと心が軽くなったり、逆に「これは違うんじゃないか」と反駁し、あなたの人生後半のことをいろいろ考えるきっかけにしてくれれば、著者としては本望です。

2018年7月

弘兼憲史

弘兼流　50歳からの定年準備◉目次

定年準備 4 家庭に「居場所」を見つけよう ……… 99

定年準備 5

子どもに何を伝えるか

＊本書は、２００１年に小社で刊行した『飄々と生きる——黄昏に乾杯！』を、今の中高年ビジネスマンに向けた内容に大幅に修正して再構成したものです。

定年準備

1

人と競うのは、もう止めよう

1 もっと自分のために生きることを考えよう

格差が開きやすい時代

僕はいわゆる団塊世代です。40歳前後のころは、1980年代末のバブル最盛期でした。その当時、同年代の仲間たちと飲んでいて、老後の話になったことがあります。

「定年後はどこに住みたいか」と聞いたら、みんなが口々に「海外に住みたい」と言う。ある人はオーストラリア、ある人はバリ島、ある人はハワイ……。それが冗談や夢物語とは思えないほど、景気のいい時代だったのです。

ところがその10年後、彼らの状況は一変します。企業にはリストラの波が押し寄せ、自分も切られるのではと恐怖心を持つようになりました。「どうやったら今の会社に残れるか」「何とかして今の会社に残りたい」が、彼らの最大の関心事になったのです。

これは、今の50歳も変わらないでしょう。あるいはもっと苛酷になっているかもしれません。

今の時代、社会的地位という意味ではずいぶん差が開きます。はっきり言えば、「勝ち組」と「負け組」が明確になるのです。

負け組となると社内の居心地も悪くなりますが、もっとつらいのは学生時代の仲間たちと会ったときです。親しい間柄なら、酔いに任せてお互いの悩みを打ち明け合うこともできるかもしれません。しかし、例えば同窓会のような不特定多数が集まる場面では、そうもいきません。

だいたい50歳前後の同窓会というと、昔話かそろそろ健康の話が中心。僕の時代にはゴルフが共通の話題でした。一方で、お互いに仕事の話はほとんどしません。

若いころは苦労自慢の話に花を咲かせたものですが、もう現状を悟られるような話題は避けるのです。

そのうち、余計な神経を使うのが嫌になって、同窓会の誘いがあっても断るようになる。負け組になると、世間まで狭くしてしまうおそれがあるわけです。

50歳は人生後半を展望する適齢期

そして問題はここから。

いったん優劣がついた後、逆転のチャンスがあるかと言えば、残念ながらほとんどありません。 50歳で役員コースに入っている人なら、その後もトップを目指してがんばれるでしょう。しかし、そういう人はほんのひと握りです。多くの人は、もうジタバタしても始まりません。

しかも最近、勝ち組と負け組の格差はいっそう開きつつある気がします。

安泰のはずだった大企業でさえ、業績悪化や合理化を理由に大規模なリストラに踏み切る事例が少なくありません。子会社に行ければまだラッキー。完全に縁を切られることもよくあります。

では、**負け組として人生後半を過ごすしかないかと言えば、それは違う。自分なりの「第二の人生」を考えればいいのです。**むしろ50歳という年齢は、ちょうど人生後半を展望する適齢期ではないでしょうか。

50歳まで、ありとあらゆる義務に縛られて生きてきた人は多いと思います。家族のため、会社のため、日本のため……。

でも、そろそろ荷を軽くしてもいいころです。

ローンもそろそろ終わるし、子どももやがて社会に出るでしょう。**これからは、もっと自分のために生きることを考えてもいいはずです。**

たとえ職がなくても、家やお金がなくなっても、六畳一間、一汁一菜の生活で十分じゃないかと開き直ればいい。自分のために、時間とお金と労力を注ぎ込めばいい。そのほうがずっとワクワクできることは、間違いありません。

2

50歳を過ぎたら、人は人、自分は自分

他人と争う世界から卒業しよう

男というのは、勝ち負けに非常にこだわるものです。特に出世は、誰にとっても関心事でしょう。

だから、もし同期が部長になって自分が課長のままだったら、きわめてつらい。ましてや、その同期が若いころは自分よりずっと成績が悪いヤツだったりしたら、居ても立ってもいられないほど悔しいし、惨めな思いもするでしょう。

しかし、あきらめも肝心。そういうことが日常的に起きるのが、世の中というものです。

50歳にもなったら、勝ち負けにこだわらない生き方を考えたほうがいい。出世は必ずしも仕事の能力を反映するものではありません。人間関係や偶然も大きく作用します。そんなものにこだわって一喜一憂するのも、そろそろバカらしいと思っていいはずです。

だいたい、出世したからといって幸福とはかぎりません。仕事に邁進するあまり、家庭をないがしろにしてきたかもしれない。肩書が重くなれば責任も重くなり、ストレスも増えるかもしれない。これもたいへんな人生でしょう。

そこで重要なのは、人と比較しないこと。隣の芝生が青く見えるのは人間の性《さが》ですが、人は人、自分は自分と割り切る。50歳といえば、もうそういう分別がつく年代のはずです。

それとセットになっているのが、「では、自分は何をするか」という目標を立てることでしょう。いくら比較しないと自戒しても、同じステージに乗っていては気になります。そこを潔く降りて、自分だけのステージを持つ。これが勝ち負けの世界から抜け出す秘訣です。

自分なりの目標は人それぞれ

例えば、ゴルフにしても、勝敗をすごく気にしながらプレーする人がいます。プロなら当然ですが、アマチュアなんだから、もっと楽しめばいいのに、と僕は思います。

僕もゴルフは大好きですが、人に勝とうが負けようがどうでもいい。上手くなりたいと思わないと言えば嘘になりますが、シングルになろうと思ったことはありません。プレーが楽しいからやっているだけです。

ただし、**自分なりの目標設定は必要。それをクリアできるかどうか、自分自身と競争するから楽しいのです。**

これは、僕の昔から変わらない考え方です。本業のマンガについても同様。周知のとおり、マンガの世界は壮絶な競争社会です。１つの雑誌のページ数はほぼ決まっていますが、例えば『ビッグコミックオリジナル』などは10年以上も連載が続くベテラン漫画家ばかりで、ページが空くことはまずありません。新人が割り込む余地など、まずないのです。

でも、僕は新人のときから人との比較はしなかった。「世間に受けるか」とか「読者層のターゲットはこういう人」などともまったく考えていません。その代わり常に頭にあったのは、どうすれば第一読者である担当編集者を感動させられるか。これが僕の設定した目標だったのです。

担当編集者が気に入れれば、社内の編集会議で「このマンガはおもしろい」「じゃあ載せてみようか」という話になる。**人と比較しなくても、自分のステージをきわめようと思えば、わかる人にはわかってもらえるものです。**

僕の場合はマンガでしたが、目標は人それぞれ、何だっていいのです。

趣味の世界でもいい。お金にならなくてもいい。そういうものを見つけることが、50歳以降の最初の関門かもしれません。

3 この3つの言葉で50歳の壁を乗り越えよう

人生の折り返し点、くたびれて当然

少し前まで、日本国内の年間自殺者数はずっと3万人を超えていました。最近は減少傾向ですが、それでも2万人を超えています。

これを年齢層別で見ると、割合がもっとも高いのは40代で17・2パーセント。次に高いのが50代で16・9パーセントとなっています（2017年の数値。厚生労働省「自殺の統計」より）。

もともとこの年代は自殺率が比較的高いのですが、それだけ「生きづらさ」を感じやすいということでしょう。ここには、「50歳の壁」というものが存在するような気がします。

われわれは20歳になると、「成人」というかなり大きな区切りを迎えます。もう遠い昔の話でしょうが、その際の緊張感や高揚感を覚えている人もいるでしょう。しかし30歳になるときは「俺ももう30か」、40歳のときも「やっと40か」くらいの意識しかなかったと思います。

しかし50歳を迎えると、かなり衝撃を受けます。これは僕にも経験がありますが、「老い」が近づいたと実感するのです。

人生を朝、昼、晩で分けると、50歳は昼をかなり過ぎた時間、60歳が見えると夕暮れです。つまりは黄昏《たそがれ》が迫っているわけです。もう下り坂の後半戦という重い感じもある。それが心理的な「壁」となって、気分を暗くさせているのでしょう。

実生活でも、50歳前後にはいろいろあります。前述のようにリストラの対象になりやすいし、生き残っても重い責任と過労を負わされる。身体的にもいわゆる更年期で、変調をきたしやすい。家庭では子どもが反抗期になっていたり、夫婦仲が悪くなっていたりすることもある。だから、将来を悲観していっそ……、となりやすいのかもしれません。

自分自身が納得できれば、それで十分

では、この壁をどう乗り越えて、心豊かな人生を送ることができるか。

まず言えることは、今までと同じスタイルの延長線上で、後半の人生を送る必要はないということです。ちょっと立ち止まって生き方を転換してみれば、その先は案外開けるのではないでしょうか。

例えば僕の場合、いつも3つの言葉を肝に銘じています。

「まあ、いいか」「それがどうした」「人それぞれ」

どんな困難に直面しても、これらの言葉を思い出せば乗り切れます。というより、乗り切れると自己暗示をかけているのです。

このうち「まあ、いいか」「それがどうした」とは、要するに気持ちの持ち方の問

題です。イライラしたときも惨めな思いをしたときも、「まあ、いいか」「それがどうした」と思えば落ち着きます。ある種の開き直りですが、従来型のこだわりを捨てることも大事ではないでしょうか。

そして3つ目の「人それぞれ」は、ちょうど僕が50歳のころ、精神科医で多数の著書も出されている大野裕先生に教えていただいた言葉です。

大野先生がこの言葉を発したとき、「本当にそうだな」と心に沁《し》みたものです。「あいつは取締役になった。あいつは事業を起こして成功した。それに比べれば今の俺はうだつが上がらないが、それなりに自分の人生を送ってきたんだ」と考えればいい。

まさに「まあ、いいか」「それがどうした」「人それぞれ」の世界です。

世俗から離れ、自分自身の価値観を持って納得できれば、それで十分ではないでしょうか。

4 心身を壊すくらいなら、自分の夢に賭けよう

こんな会社はこっちから辞めてやる！

世の中には、今の会社にしがみつこうと必死な人がたくさんいます。それが楽しいのならいいのですが、**みじめな思いを抱きながら、ただ家族のため、生活のためと我慢しているなら、ちょっと考え直したほうがいいのではないでしょうか。**

最近は自殺だけではなく、周知のとおり過労による発病や死も大きな社会問題になっています。特に危険なのが、40～50代。例えば２０１６年度に労災認定された心臓疾患・脳疾患の総数６８０件のうち、50代が２２６件ともっとも多く、次いで40代が１８８件となっています。

また精神障害で見ると、総数1355件のうちもっとも多いのは40代（425件）ですが、次いで30代（360件）、20代（254件）、そして50代（244件）となっています（厚生労働省「平成29年版過労死等防止対策白書」より）。

僕の友人や知り合いの編集者の中にも、働きすぎて精神を病んでしまった人がいます。個人的な能力や資質、仕事内容の向き不向きの問題もあるでしょう。しかし、片や仕事がなくて困っている人がいる一方で、片や心身が壊れるほどに仕事が集中する人もいる。このアンバランスは以前からありましたが、最近はますます拍車がかかっている気がします。

国も企業もさまざまな対策を講じてはいますが、最終的に自分の身を守るのは自分自身でしょう。肉体的・精神的に厳しいなら、いっそ「ふざけるな、こんな会社はこっちから辞めてやる！」と開き直り、次のステージに向けて静かに準備を始めてもいいと思います。

大企業で働くことが幸せとはかぎらない

僕はもう20年以上も『黄昏流星群』という作品を『ビッグコミックオリジナル』に描き続けています。これは、中高年のさまざまな恋愛と人間模様がテーマです。

その中には、例えば52歳の銀行支店長が登場する話があります。彼は会社人間で、役員コースに乗ることを夢見てがんばってきました。ところが突然、子会社へ役員待遇での出向を命ぜられ、すべての目算が狂うのです。

「この30年、俺はいったい何をしてきたのか」と悩んだ彼が選んだ道は、仕事を放り出してスイスへひとり旅に出かけることでした。

そこで魅力的な中年女性と出会って恋に落ち、精気を取り戻します。結局、会社を辞め、奥さんからも離婚を突きつけられますが、この女性と暮らすことで真の幸せを悟っていくという話です。

この話には、仕事や幸福に対する僕なりの考え方を込めたつもりです。**世間の常**

識や世間体に縛られることは、けっして幸福ではありません。結果はどうであれ、自分で考えて道を選ぶことこそ、真の幸福につながるのではないでしょうか。

実際、僕の友人の中には、50歳前後で大企業を退職し、第二の人生として自分の夢に賭けた人が何人かいます。例えば地方で手打ち蕎麦店を立ち上げたり、いきなり植木屋に弟子入りしたり。成功・失敗や苦労はいろいろありますが、共通しているのは「イキイキして楽しそう」ということです。

リストラの一環として、最近は早期退職を募る会社も少なくありません。特にターゲットになりやすいのが、40~50代の中高年層です。ところがそうすると、会社の想定以上に応募が殺到することも多いようです。ひと昔前に比べれば、転職に対する抵抗感もずいぶん減ったということでしょう。

たしかに早期退職制度への応募は、暗い選択ではありません。自分自身の人生の意義を考え直し、これまでの価値観を転換して別の人生を選択するという意味では、むしろチャンスではないでしょうか。

5

60歳過ぎの再スタートでは遅すぎる

新しい生き方を選択する最後のチャンス

50歳を人生のひと区切りと考えれば、後半の約30年はもう1つの人生です。

その晩年の10年間くらいは病気や寝たきりのおそれがあるとすると、実質あと20年。定年の60～65歳まで待ってもう1つの人生をスタートさせるのは、いささか遅すぎる気がします。モチベーションという意味でも、60歳過ぎからの再スタートはやや厳しいかもしれません。

だから、できるだけ前倒しして考えたほうがいい。

その時期が、ちょうど50歳前後だと思います。定年まで待たずに、別の生き方を

選択する最後のチャンスとも言えるでしょう。

その際に基準にすべきは、「どうすればもっと自分が楽しめる人生になるか」ということです。

サラリーマンの場合、これまで「自分のため」を考えて生きてきた人は少ないのではないでしょうか。まずは会社のため、ひいては日本のため、結婚すれば家族のため、子どものためといった具合に、ひたすら他者のためにがんばってきた人が多いと思います。

もちろん、それによって周囲から評価されたり感謝されたりすることが、回り回って自分にとって楽しいと思える瞬間だったかもしれません。それ自体はおおいにけっこうですが、**もう周囲を気にせず、もっと自分本位で人生を見つめ直してもいいのではないか、というのが僕の提案です。**

その選択の中には、前述のように転職も当然入ってくるでしょう。キャリアを活かして別の世界に飛び込むというのも、悪くありません。しかし、けっしてキャリアアップのためではなく、悪い言い方をすればキャリアダウンのための転職も、検討する価値はあると思います。

飄々と生きるのも悪くない

僕がそう考えるのは、より上を目指したはずの転職で失敗した人を何人も見てきたからです。

例えば以前、50歳前後でメガバンクの支店長から小さな商社に転職した知り合いがいました。彼は高校、大学と一流校で過ごし、銀行に入ってからは海外勤務も経験しています。つまりバリバリのエリートだったわけです。

ところが何かの拍子に出世街道から外れ、ついには肩を叩かれることになります。彼としては、忸怩《じくじ》たる思いがあったのでしょう。自分を追い出した銀行を見返したい一心で、商社への再就職を決めたのです。

しかし、その商社で彼は苦労します。あるとき、僕は彼から手紙をもらいました。

「いかに自分が甘えた銀行員生活を送ってきたか、初めてわかった」とのこと。

それによると、その会社の社長は叩き上げの人で、彼にかなり無理な仕事を要求するらしい。まったく経験がないのに、「お前は英語ができるから、海外に行って○○を買い付けてこい」などと指示されたりするそうです。

それでうまくいかないと、大声で怒鳴りつけられる。銀行で怒鳴られることなど皆無だったので、相当に精神的なダメージを受けているようでした。

その手紙の最後に、彼はこう綴っていました。

「風に向かって踏ん張って立つという生き方もありますが、風に吹かれる柳のように、飄々《ひょうひょう》と生きるという選択肢も今、学びつつあります」

その後、彼は、給料は下がりましたが、ストレスの少ない仕事の会社にふたたび転職しました。

困難に立ち向かうのも立派ですが、肩の力を抜いて、より自分の人生を楽しめる道を模索することも、けっして悪くないと思います。

人と比較しないこと。人は人、自分は自分と割り切る。

家族のため、会社のため、日本のため……。
50歳、そろそろ荷を軽くしてもいいころです。
もっと自分のために生きることを考えてもいいはずです。

定年準備

2

孤立を避けて、孤独を楽しもう

6 「もう50歳」とはいえ「まだ50歳」

転職も独立起業も人脈がモノを言う

50歳は人生を見直すとき。今の会社で自分の行く末が見えたり、日々がどうしてもつらかったりするなら、いっそ辞めてしまうのも悪くない。ここまでそう述べてきましたが、だからといって無職でも暮らしに困らない人は少数でしょう。「もう50歳」とはいえ「まだ50歳」でもあるので、転職にしろ、独立起業にしろ、仕事でもうひと花咲かせたいところです。

そこでモノを言うのが、人脈です。もちろん、ハローワークなどに通ってゼロから職を探すのも1つの手ですが、さすがに50代となると条件は厳しい。

今までのキャリアを利用し、培ってきた人脈を通じて職を斡旋してもらうことができれば、それに越したことはありません。

あるいは、**まったく違う世界に飛び込んでみたいという願望があるなら、今まで以上に人の力を借りる必要があります。**

例えば蕎麦屋を開きたいと思うなら、まず蕎麦打ちをマスターする必要がある。下手の横好き程度では、絶対に通用しません。師匠を探して弟子入りし、しっかり教えてもらうのが常套手段でしょう。

さらに各地の名店を訪ね歩いて味を覚えるとか、蕎麦の生産農家から教えを請うとか、かっぱ橋道具街で道具の感触を確かめるとか、すべて人を通じて学ぶことばかりです。

急に友人関係を築くのは無理としても、足繁く通って顔を覚えてもらい、ふつうにコミュニケーションをとれる関係になるまでなら、さほど難しくありません。むしろその程度のことをしなくては、成功はおぼつかないということです。

転職する場合も同様。会社を辞めてから誰かを頼るのではなく、在職中に社外に人脈を築き、ツテを頼って転職先を確保してから退職願を書くのが、もっとも安全確実な方法だと思います。

第二の人生に備えて社外に人脈を広げよう

とはいえ、社外に人脈などない、という人も少なくありません。

職種にもよりますが、概して日本のサラリーマンは社内の狭い人間関係で完結しがちです。あるいはその社内ですら、人間関係のストレスを抱えている人が少なくありません。このままでは、会社に居残るにせよ、飛び出すにせよ、将来はあまり明るくなさそうです。

それを打開するには、自ら積極的に社外の人とコミュニケーションを図るしかない。**60代になったらそろそろ人間関係を断捨離する時期だと思いますが、50代はまだ先々に備えて人脈を広げる時期だと思います。**

昨今なら、ＳＮＳを通じて同好の士がつながることもあるようです。そこから〝オフ会〟を開いて親交を深める、というパターンもよく聞きます。かえってストレスを溜めることもあるようですが、試してみる価値はあります。

人脈という意味では、もっとも手っ取り早いのが学生時代の友人たちでしょう。50歳くらいになると、昔の仲間と会って近況報告などしたいと思うようになるものです。異業種の内情を知る上でも最適かもしれません。

それと似て非なるものが同窓会です。たいてい成功者だけが集まって自慢合戦になりやすい上に、仲のいい連中ばかりが集まるわけでもありません。その意味では居心地の悪い思いもするかもしれませんが、違う世界の話をざっくばらんに聞けるというメリットもあります。

あるいは『黄昏流星群』に出てくる話ではありませんが、昔の彼女・彼氏に再会してついメラメラ、という話もよく聞きます。その結果どう転ぶにせよ、いい社会勉強になるでしょう。

7 利害関係の友情は永遠には続かない

人間関係は環境とともに変わるもの

孤立しないということは、地域、社会の人々と交流があるということです。

でも、ごく親しい関係になる必要はありません。適度な距離を保ったり、一緒に行動できたりする程度の関係で十分です。「親友」と呼べるような関係もあれば、それに越したことはありませんが、絶対に必要というわけでもないでしょう。

だいたい友人関係というものは、年齢や環境によって変わってくるものです。

高校や大学のころに「コイツは親友だ」と思っていた相手を、中年以降もそう呼べるという人は少ないでしょう。お互いにそれぞれの生き方をしていて、会える機会も少なくなるのがふつうです。せいぜい年賀状のやりとり程度になることが多いと思います。

あるいは会社での同僚も、机を並べているうちは頻繁に飲みに行ったりするかもしれません。例えば、新橋のガード下の焼鳥屋あたりでは、夜ごとサラリーマン同士が仲良く酒を酌み交わしています。「そうだよな、俺もそのとおりだと思う」などと肩を叩き合うのが定番の姿でしょう。

しかし、異動や転勤で関係性が変わると、お互いの忙しさもあって、あっさり疎遠になってしまうものです。

かく言う僕にも、そんな経験があります。同僚と飲んでいるときはすっかりいい気分になって、「コイツはなんていいヤツなんだ」と思えてくる。ところが翌日になると、案外白けているものです。だから、その相手と3日連続で飲みたいかと言うと、それは勘弁という感じでした。

これは仕方のないことでしょう。これまでつき合ってきた仲間と話が合わなくなることは、よくあります。言い換えるなら、**いったん友人になったからといって、死ぬまで友人である必要はないということです。**

無理して親友を作る必要はない

冷徹な言い方をすると、サラリーマン同士で仲のいい関係というのは、利害関係が一致している場合が多いのではないでしょうか。お互いの利益のために無理をしてつき合い、言いたいことも言わず、すべて丸く収めようとする。

だから、傍からは親しいように見えますが、実はお互いにたいへんなストレスを抱えているかもしれません。それも〝友情〟の1つの形ですが、永遠に続くわけではないでしょう。

人生は出会いと別れの繰り返し。何かの歌詞のようですが、そう割り切ってしまえば、案外落ち着けるのではないでしょうか。

無理をして親しい友人を作ろうなどと考える必要はない。**その時々に周囲にいる**

人と仲良くしたり、昔の友人に久しぶりに連絡して飲みに行ったりすれば、人生はそれなりにハッピーになるはずです。

もちろん、長く続く友情というものもあるでしょう。1960年代の名作映画に『おかしな二人』があります。名優ジャック・レモンとウォルター・マッソーが共演しているのですが、2人は昔からプライベートでも仲が良く、晩年の1980～90年代にも何作か共演しています。

その映画の中の2人は、お互いに本音をぶつけ合って「アイツとはもう二度と会わない」とケンカしながら、翌日にはあっさり「釣りに行こう」「よし、行こう」などと言い合う関係を見事に演じていました。おそらくプライベートでも、似たような感じだったのでしょう。

ああいう息の合ったコンビのような関係こそ、まさに「親友」と呼べるのかもしれません。

8 媚びてでも、周囲から好かれる人になろう

暴走老人は他山の石

少し前、「暴走老人」という言葉が流行しました。主に僕らのような団塊世代が対象ですが、ちょっとしたことですぐにキレる、迷惑な老人ということです。

分析はいろいろできるでしょうが、たしかに年齢を重ねるほどに頑固になり、自分の主義主張に凝り固まる傾向は誰にでもあります。だから、思いどおりにならないと怒りを抑えられない。

しかしその結果、待っているのは社会からの孤立です。

いつ爆発するかわからない人と、誰もつき合いたいとは思わないでしょう。さす

がにまだ「老人」とは呼ばれないであろう50歳前後の人も、ぜひ僕らを〝他山の石〟としてもらいたいと思います。

とにかく人間社会においてもっとも気をつけるべきは、孤立することです。

ひとりで過ごしたり暮らしたりが好きな人もいますが、それを孤立とは言いません。周囲から疎まれたり嫌われたりすることが危険なのです。

むしろ媚《こ》びてでも、周囲から好かれる人になったほうがいい。これが人生後半を楽しく生きる術だと思います。

以前、産婦人科医で「日本笑い学会」の副会長もされている昇幹夫先生から、おもしろいお話を伺ったことがあります。全国で高齢者を対象にした講演も行っておられるのですが、その最後にいつも、この言葉を伝えるそうです。

「逆らわず、いつもニコニコ、従わず」

感謝の気持ちを持ち、いつもニコニコして社会に溶け込もう、だけど周囲に流される必要はない、自分の主張は持っていよう、というメッセージです。

老子の言葉を借りるなら、「和光同塵」といったところでしょうか。こういう態度で人と接すれば、まず孤立することはないと思います。

楽しさは「痛み」も吹き飛ばす

では、こういう生き方は疲れるかといえば、まったく逆でしょう。

これも昇先生に伺った話ですが、子どもが運動会で走っているとき、つまずいて足をすりむいてかなり出血しても、なかなか泣かないそうです。それは痛みを我慢しているからではありません。一生懸命に楽しんで気持ちが高揚しているから、脳内モルヒネのようなものが出て、痛みを感じないとのこと。遠い昔のことを思い出してみると、たしかにそうだった気がします。

つまり、**人間はもともと楽しく生きるようにできている動物だということです。**

やや極論するなら、楽しいことだけを求めていれば、心身の〝痛み〟も吹き飛ばすことができるわけです。

もちろん、楽しみ方は人それぞれですが、中でも人と語り合ったり笑い合ったりするときが、もっとも楽しめるのではないでしょうか。

これが孤立とは対極の生き方だと思います。

ところが往々にして、特に男性は高齢になるほど自宅に籠もりがちです。奥さんにばかり頼り、すっかり世間を狭くしてしまうのです。

そうならないためにも、**今のうちから外に出て、先々も人と交流できる場を作っておいたほうがいい。**「逆らわず、いつもニコニコ、従わず」をモットーにすれば、さほど難しいことではないでしょう。

いささか余談ながら、孤立がいかに最悪の結果を招くかは、日本の近代史を振り返ってもわかります。太平洋戦争前夜、時の松岡洋右全権は「栄光ある脱退」と称して国際連盟からの脱退を宣言しました。

その結果、まさに孤立して世界を相手に戦争を始め、国土を焼き尽くされてしまったわけです。これも〝他山の石〟とすべきでしょう。

9 老後をどこで過ごすかを考えよう

晴耕雨読への憧れ

かってまだ売れない漫画家だったころ、僕は野菜作りに凝ったことがあります。当時住んでいた東京・板橋区で、区の家庭菜園貸出の抽選に申し込んだところ、3区画・計15坪が当たったのです。今から思えば、まさに晴耕雨読の生活でした。

野菜作りはなかなか奥が深い。僕も肥料のことなどかなり勉強して、ナスだのトウモロコシだのいろいろ育てました。手をかければかけただけの成果が出る。だから夢中になったのです。

ただし、素人には10坪で十分。残りの5坪は手に負えず、グラジオラスを一面に植えましたが、球根にかなりお金がかかった上に、結局立ち枯れにしてしまいました。本格的な農業がいかにたいへんか、思い知った覚えがあります。

それでも土をいじったり、植物を育てたりしていると、子どもを育てるような愛おしさが湧いてきます。

ナスなどの実がだんだん大きくなると、「まだ食ってはかわいそうかな」などと思ったりする。いい実ができると、見栄を張って人にあげて、自分は出来の悪いのを食べたりする。農耕民族の血が騒いだのかもしれません。

これだけやりがいがあると、いっそ農業を本業にしようかと考える人もいるでしょう。実際、以前から深刻な人手不足・後継者不足が叫ばれている農業ですが、一部には大学卒業と同時に移り住むような若い担い手もいるようです。

まして、**都会で長らくサラリーマンをしていた人なら、こんな生活に憧れるのも無理はありません。**定年を待たず、50歳前後で田舎に引っ越して第二の人生をスタートする人もいます。

もちろん、その年齢で転居するということは、老後をどこで過ごすかという問題とも直結します。

田舎暮らしのハンデは小さい

一念発起して田舎暮らしを志す人は少なくありません。

小さな民家でも買い、野菜作りをしながら悠々自適に過ごすというのが、1つの理想形でしょう。人口減少に悩む地方にとっても、大歓迎なはずです。

これはアメリカでも同じこと。都会で暮らして成功した人ほど、早々にリタイアして田舎に移り、牧場やワイナリーを経営したりする。これが1つのステータスになっているようです。

だいたい日本ほど、全土に満遍なく人が住んでいる国はありません。冬場に雪が数メートルも積もるような、たいへんな豪雪地帯にも集落があります。

見方を変えれば、**日本列島ならどこへ行っても住める。まさに「住めば都」とい**

うことです。

しかも近年は、よほど過疎の村でもないかぎり、コンビニも交通機関もお寺もある。それに何より、インターネットもスマートフォンも使えます。電話連絡はもちろん、メールやSNSを使えば、簡単に人とつながれるわけです。手紙やハガキで消息を伝え合うしかなかった時代に比べれば、隔世の感があります。

つまり田舎で暮らしても、日本国内ならさほど不便さも寂しさも感じないでしょう。その意味で、転居のハードルはずいぶん下がっている気がします。

もちろん、田舎暮らしもそう甘くはないでしょう。例えば、ビジネスの最前線で働いていた人が、いきなり田舎のおっちゃんたちと話を合わせることができるのか。レストランでワインのうんちくを傾けていた人が、車座で焼酎を飲んで騒げるのか。ちょっと現役時代の話を自慢気味にするだけで、「住む世界が違う」「偉そうにしている」などと思われかねません。

高齢になって社会から孤立するのは、かなり厳しい。言い換えるなら、自分の過去の輝かしい経歴を捨て去ることが、田舎暮らしを充実させる条件ということです。
しかし、やってみる価値はあると思います。

老後こそ都会でという考え方もある

逆に、老後を都会で暮らすのも悪くありません。僕自身もずっと東京で生活してきたし、これからも東京を離れることはないと思います。もともとド田舎から出てきた人間なので、田舎はもう刺激的ではないし、田舎暮らしへの憧れもありません。

都会は刺激的です。映画館も、巨大なコンサートホールも多数ある。魅力的なイベントやショップも世界中から結集している。大きな病院も近くにあるし、交通インフラも高度に発達している。 僕はこういう環境を手放したくないのです。

同じように考える人は、少なくないでしょう。最近は都心や湾岸に高層マンションが次々と建設されています。現役のエリートサラリーマンも買いますが、中高年層が老後を見据え、夫婦2人暮らし用に買うケースも多いと思います。そのニーズに応えるように、高齢者専用のマンションも登場しているほどです。

実はアメリカでも、前述のような田舎暮らしとは逆パターンの〝アメリカンドリーム〟が存在します。

海外や地方の農家や牧場から立身出世し、少しずつ都会に移り住んで、最後はニューヨークのアッパーイーストサイド（セントラルパークの東側）にあるマンションに住む、というのが最高のステータスなのです。その象徴的な存在がジョン・レノンで、最後の住処は有名なダコタ・ハウスでした。

老後を田舎で過ごすにせよ、都会で暮らすにせよ、それぞれ夫婦で相談して決めればいいことだと思います。ただし、なるべく早いうちから考えておいたほうがいい。まさに50歳前後が、その〝適齢期〟ではないでしょうか。

年を重ねてくると、転居自体が肉体的にも精神的にも難しくなります。結局、特に将来を思い描くことなくズルズルと今のままの生活を続けることになると、ちょっともったいない気がします。

10 ムダな時間が自分を見つめ直す機会になる

バカバカしい旅をしてみよう

概して仕事というものは、まず効率を求められるものです。キャリアが長いと、非効率＝ムダという習性が身につくかもしれません。

しかし50歳前後になったら、そろそろそれを見直してもいいでしょう。**効率一辺倒ではなく、あえて非効率なことに身を置いてみると、新たな価値観に気づけるはずです。**

単純に言えば、何かバカバカしいことをやってみればいいのです。

極端な話、マッチ棒で五重塔を作ってみるなどというのもいい。誰にも褒められはしませんが、自分なりに創意工夫する楽しみや目標ができます。それは日常での刺激になるはずです。

あるいは、私がよく人にすすめるのは、「ダーツの旅」です。

所ジョージさん司会の長寿番組「1億人の大質問!? 笑ってコラえて!」の名物コーナーですが、日本地図を広げ、ダーツを投げて当たった場所をタレントが訪れるというものです。

そうすると、観光地でも何でもない山村地でいろいろな村人に出会い、さまざまな生活や考えを知ることができる。「日本にもこんな地域があるのか」と驚かされることが非常に多いのです。

それと同じことを、自分でやってみてはいかがでしょう。

同じくダーツで決めてもいいし、日本地図にピーナッツを転がして決めてもいい。つまり、行き先はどこでもいいのです。

ただし、有名な観光地や温泉地は避ける。まったく時間とお金のムダ遣いのようにも思えますが、それなりの意味はあると思います。

同僚が働いているときに非日常を味わおう

行き先が決まったら、「どうやって行こうか」と調べてみる。その自治体のホームページや時刻表を眺めていると、だんだんイメージが湧いてくるはずです。それだけでも楽しいのではないでしょうか。

どうせ出かけるなら、土日や連休は避けて、平日に有給休暇を取るのがいいと思います。交通機関は空いているし、「今ごろ」という背徳感または優越感が、ますます旅情を掻き立ててくれるからです。

だから出かける際には、できればスマートフォンや携帯電話の電源を切っておくのがおすすめ。**日常の世俗との交流を断つからこそ、非日常感が増幅されるのです。その分、より新鮮な気分も味わえるはずです。**

行き先によっては、交通機関の連絡が悪くて数時間も空いたり、ずっと歩かされたりすることもあるかもしれませんが、それもまた一興。

駅のベンチや近くの喫茶店でボーッと時間を過ごしたり、周囲の様子を眺めてその生活を垣間見たりすると、いよいよ「まったく違う世界にいる自分」を実感できると思います。

泊まるのは民宿やビジネスホテルで十分。夜は近所の居酒屋でも行って一杯飲み、朝食を宿か近所の喫茶店で食べる。また近くに史跡・名勝でもあれば、さっと訪ねてみる。それだけの旅でいいのです。

非常にバカバカしいと思われるかもしれませんが、時間だけはたっぷりあるので、その間に日常を振り返って反省したり、「これから人はどう生きるべきか」と考えたりする。

ふだんあまり考えない人も、仕事に追われている人も、いろいろなことを考えるいい機会になると思います。

11 生まれるときもひとり、死ぬときもひとり

家族は一心同体という幻想を捨てよう

僕はある種の諦観というか、覚悟のようなものを決めています。「人間は生まれるときもひとり、死ぬときもひとり」ということです。

だから、どんな境遇でひとりになろうが、のけ者にされようが、孤独になろうが恐れない。

「最終的には家族の愛に包まれて死ぬ」などと甘い幻想も抱いていません。**奥さんも子どもも家族ではありますが、それ以前にそれぞれの人間です。必ずしも「無償の愛」があるとはかぎりません。**

だいたい、「家族も一緒だ」と思われたら家族のほうが迷惑でしょう。もし自分の父親が「お前と俺は一心同体だ」などと迫ってきたら、「とんでもない、勘弁してくれよ」と思うはずです。まして娘にとって、父親から何か特別な感慨を抱かれるのはうっとうしいものです。

よく聞くのは、「自分の娘に手を出すヤツは殺してやる」などというセリフ。そんなたぐいのことを言う男が、僕の仲間にも少なからずいました。特に娘が2～3歳のころは「コイツがほかの男のものになると考えると悔しくてたまらない」という言葉もしばしば聞きますが、「こいつは間違いなくバカだな」としか思えません。

かわいいのは小さいころだけ。あと20年も経てば、娘のことを吐き気がするほど嫌になることもあるはずです。

もちろん娘のほうも、父親を毛嫌いしているに違いない。

僕がわざわざこんなことを言わなくても、お互いに距離感を学んでいくことになるでしょう。

ひとりで上等と開き直れば幸福になれる

さて、「死ぬときもひとり」ということは、場合によっては「孤独死」も覚悟するということです。

孤独死というと、不幸の代名詞のように語られることがよくあります。高齢で、身よりもなく、仕事もなく、お金もなく、古いアパートの一室で誰に知られることもなく亡くなり、死後も腐臭がするまで発見されない、といったイメージでしょう。

そうはなりたくない、という思いが強いと、今のうちに家族に愛嬌を振りまいたり、無理に社会と接点を持とうとしたりする。それがかえってストレスになって、生きづらさを感じることも少なくないと思います。

しかし、孤独死は本当に不幸でしょうか。**僕自身は、ひとりでひっそり死んでいくのも悪くないなと思っています。**

もちろん、誰にも迷惑をかけないことが絶対条件。仮に賃貸アパートで腐乱したら、資産価値が大きく下がって大家さんや近隣住民に迷惑がかかります。

そうならないよう、いつお迎えが来てもいいように常に準備をしておくことは重要だと思います。それさえクリアすれば、例えば病院のベッドでも、旅先でも、周囲に誰もいない状況でポックリ逝ってかまわない。

人生はそんなものと高をくくっているのです。

むしろ僕は、ひとりの時間を大事にしたい。漫画のストーリーを考えるのもそうですが、例えば本を読んだり、音楽を聴いたり、行きたいと思う場所に行ってみたり等々は、すべてひとりだからこそ気兼ねなくできるのです。

傍から見れば「孤独」かもしれませんが、ひとりだからこそできることはたくさんあるし、それこそが人生を豊かにしてくれると信じています。

その結果としての「孤独死」なら、文句なし。

少なくとも、ひとりでいることに寂しさや恐怖を感じるくらいなら、「ひとりで上等」と開き直ったほうがずっと幸福になれると思います。

無理をして親しい友人を作ろうなどと考える必要はない。

社会から孤立することなく、ひとりの時間を大事にする。
これが人生後半を楽しく生きる術。

定年準備
3

第二の人生、さて何をするか

12 自分の知らない世界に目を向けよう

副業を始めよう

第二の人生の働き方を考えるとき、今までと同じ業種・職種の仕事しか想定していない人が多いようです。

しかし、**世の中は広い。今まで自分が接してきた世界は、ほんの一部でしかありません。**既成概念にとらわれると、どうしても自分が知らない世界には目がいかないものです。

真剣に新しい人生を考えるなら、あらゆる情報ソースから、さまざまな生き方を見聞きする必要があると思います。

例えば、テレビ番組では日々、さまざまな生き方や仕事をしている人が紹介されています。それらを漫然と眺めるのではなく、「もし自分がその職に就いたらどうなるか」と想像してみるだけで、意識はずいぶん変わるはずです。

あるいは、他分野で働く人が身近にいればもっといい。そういう人たちの話を突っ込んで聞いてみると、仕事観はかなり変わるのではないでしょうか。

さらにもう一歩進めて、自ら動いてみる手もあります。最近は、社員の副業を認めている会社も現れました。

これは政府の「働き方改革」の一環でもあります。本業を続けながら、時間をやりくりして別の仕事にチャレンジしてみるのもいいでしょう。

それは本業の延長線上の仕事でもいいですが、趣味を活かすとか、週末だけのアルバイトなどもあり得ます。

副業の収入は二の次。とりあえず世の中にどんな需要があり、自分に何ができるのか、その感触をつかめれば大成功でしょう。

語学力を活かしてボランティアという手も

例えば、中高年で語学が得意な人は少なくありません。

それを活かして、子ども向けの英語教室のアシスタントをするとか、自ら語学教室を開くことも可能でしょう。

あるいは、その語学の知識を活かして別の外国語を勉強する手もあります。ヨーロッパの言語は文法が似通っているので、英語がわかればドイツ語やフランス語なども比較的勉強しやすいと言われています。これらの言語ができれば、社会の需要は格段に増えると思います。

もっとも、貿易関係など専門的な業務では、それなりの専門知識が必要になります。それ以外の分野で考えるなら、例えば外国人旅行客向けのガイドや通訳のボランティア的な役割があります。

僕は以前、イタリアやフランスに出かけたとき、日本語を話す現地のお年寄りに何度も遭遇しました。例えば、パリのルーブル美術館では、それぞれの作品について、けっこう流暢な日本語で説明してくれる方がいた。こういう説明なら、日常会話がさほど得意ではなくても、丸暗記で対応できるでしょう。しかし日本人観光客にとっては、ずいぶん助かるサービスでした。

だから日本にも、そういうボランティア的な活動をする人がもっと多くいてもいいはずです。まして昨今は「観光立国」の名の下、世界中からの観光客が急増しています。もちろん英語圏からだけではないので、受け入れる側として多言語に対応することが急務だと思います。

すでに浅草、京都、奈良などの観光地では、英語での案内はそれなりに充実しています。

しかし、例えばイタリア語やスペイン語などとなると心許《こころもと》ない。そういう言語に対応できる人がいれば、観光客からも、観光地からも感謝されることは間違いないでしょう。**本業とはひと味違う、働く喜びを実感できるはずです。**

13 自分の経験を活かせる資格を取ろう

資格を活かす2つの秘訣

何かの資格さえあれば、たとえ会社を辞めたり、辞めさせられたりしても食っていけるのではないか、とは誰もが考えることでしょう。

たしかに、資格が次のステップに役立つことはあるかもしれません。しかし、それには大きく2つの秘訣があると思います。

1つは、退職してからでは遅いということです。

資格を取るには、たいてい一定の勉強や実習が必要です。職を失ってから慌てて取り掛かると、自分に合わないものや、実は再就職にあまり役立たないものを選んでしまうおそれがあります。

資格で身を立てようと思うなら、会社にいるときから自分に投資をしたり、得意分野を磨いたりするなど、じっくり戦略を練る必要があります。

もう1つは、あまり無謀なチャレンジをしないということです。

極端な話、例えば司法試験や公認会計士のような難関は、よほど周到な準備でもしていないかぎり合格できません。若いならまだしも、中高年になってから目指すのは時間の浪費になる可能性があります。

それに、仮に合格したとしても、すぐにデビューできるわけではありません。研修や実習、職場での実体験など、かなりの時間を費やさないと一人前にはなれないのです。もちろん、それでも残りの人生を賭ける価値があると考えるなら、おおいにけっこう。しかし常識的には、よく検討する必要があると思います。

あるいは不動産鑑定士や危険物取扱者などの資格も、一見するとすぐに社会で役立ちそうですが、実際はそうでもないようです。もっと若いうちに資格を取って活躍している人も多いので、そこに分け入ることができるのか、やはり世の中のニーズを見極める必要があります。

自分自身に何か得意分野があり、そのプラスアルファとして資格をアピールするなら、活かす道も広がるのではないでしょうか。

介護関係なら需要は大きい

一方、圧倒的にニーズの高い資格といえば、介護関係でしょう。

僕たちのような団塊世代は、約800万人います。その全員が75歳以上（後期高齢者）になるのが、2025年。これにより、日本の人口の約5分の1が後期高齢者になるとされています。

医療費・介護費の増大も大きな問題ですが、彼らを直接介護する人材の不足もますます深刻になるはずです。これを「2025年問題」と言います。

看護や介護の現場が厳しいことは、よく報じられているとおりです。仕事がキツい上に給料も安いとなれば、担い手が不足するのは当然でしょう。その待遇が改善されればそれに越したことはありませんが、僕には別の考えもあります。誤解を恐れずに言えば、若い人にはあまり携わってほしくないということです。

介護とは、老いていく人をケアする仕事です。もちろん社会的には欠かせませんが、若い人には、もっと日本の未来に貢献する場で働いてもらいたい。同じケアなら、ケガや病気の若い人を対象にするとか、子どもの教育とか、あるいは何かを作ったり、売ったり、若い人ならではの仕事がいろいろあると思います。

そこで、中高年層の出番です。介護の仕事は彼らが担えばいい。

「介護職員初任者研修」や「実務者研修」という実務経験を積んだ後、介護福祉士という国家資格を目指す道があるようです。さらに介護福祉士として5年のキャリアを積むと、介護支援専門員（ケアマネージャー）への道も開ける。

要介護者を〝マネジメント〟する仕事なので、サラリーマン時代の経験も活かせるのではないでしょうか。

14 有償ボランティアで人の役に立とう

持ち出しにならないことが継続の条件

どれだけ年齢を重ねても、人間には誰かの役に立ちたいという思いがあるものです。ところが仕事が暇になったり、失ったりすると、とたんにその思いが叶わなくなります。脱力感や無力感にとらわれるのは、こういうときです。

かといって、余った時間を潰す趣味もないし、資格もない。遊びにお金も使いたくない。そういう人は、ボランティアに参加してみてはいかがでしょう。

自治体や地域、あるいはＮＰＯといった単位で、ボランティアを募集しているところはたくさんあります。

そのなかから、自分に都合のいいものを選べばいい。

ボランティアに参加して身体を動かせば、家に閉じこもっているよりずっと健康的です。それに仲間もできるし、刺激になって頭が鈍るのも避けられる。相手から感謝されれば、「役に立ちたい」という欲も満たされます。

ただし条件があります。できるだけ有償なものを選ぶことです。

日本でのボランティアというと、たいてい無償奉仕のイメージがあります。しかしこれは、労力や交通費などを考えれば事実上の持ち出しです。ボランティアに出るたびに預金通帳の額が減っていくようでは、モチベーションも下がるし、家計を考えれば長続きしないでしょう。

もちろん、ボランティアで多くの利益を得ようとか、家計を支えようと考えるのは無謀です。しかし持ち出しになってはいけない。せめて1日の交通費と弁当代くらいが出れば、預金通帳の残高を気にする必要はなくなります。そういうボランティアを探すべきでしょう。

実際に欧米では、有償ボランティアが常識です。中には年間3万～4万ドルくらい得ている人もいるほど。それだけボランティアの意義が認められ、社会的地位が確立しているということです。

日本も、そろそろそういう社会になるべきだと思います。そのほうが、リタイアした人を含め、より多くの参加者を見込めるはずです。

ＡＩにできないことをやろう

では50歳を超えた未経験者に、どんなボランティアができるか。それは、ＡＩ（人工知能）の対極として考えてみてもおもしろいと思います。

今後、ＡＩやロボットは人間の仕事をどんどん奪っていくと言われています。それも単純作業のみならず、頭脳労働と呼ばれる分野にも進出しつつある。そのうちＡＩ政治家やＡＩ記者なども登場するかもしれません。

しかし、**さしものＡＩにも苦手な分野があります。人間らしい気配りや手の温も**

り、**非効率を厭《いと》わない優しさです。**そういうものをもっとも求めているのが、やはり介護の分野でしょう。

例えば、今でも高齢者向けの監視ロボットのようなものは存在します。多少の日常会話をこなすコミュニケーションロボットもずいぶん普及しました。しかし所詮は機械なので、一緒にいても楽しくありません。

その点、1人でも人間がそばにいて見守っていれば、気分はかなり違うでしょう。特に介護の知識がなくても、ちょっと細かな動作の手助けをしたり、話し相手になったりするだけでいいのです。これこそ、おそらく人間にしかできないことであり、ボランティアに適した仕事だと思います。

あるいは介護以外の分野でも、**AIにはできず、営利目的でもない、時間だけはある生身の人間だからこそできる仕事があるはずです。**そういう分野で有償ボランティアが増えれば、参加する側も、支援を受ける側もハッピーになれるのではないでしょうか。

15 高齢化社会はビジネスチャンスの宝庫

介護離職は国家的損失だ

日本では、これからどんどん高齢者が増えていきます。間もなく僕もその1人になるので、あまり偉そうなことは言えませんが、一般的にはネガティブな話題というイメージが強いようです。

しかし見方を変えれば、たいへんなビジネスチャンスが広がっているという気もします。**今の高齢者は、数が多い上に概して豊かです。しかも時間を持て余している人が少なくない。まさに巨大なマーケットではないでしょうか。**

例えば、先述の見守りサービスにしても、相当なニーズがあると思います。

僕は、平日昼間にファミレスで漫画のアイデアを練ることを日課としています。そうすると、車椅子に乗った80～90代のおじいさん、おばあさんと、その息子らしい50歳前後の男性がランチを食べに来る場面によく遭遇します。特に会話することもなく黙々と食べ、終わったらさっさと帰って行くわけです。

これは僕の妄想ですが、おそらく誰にも介護を頼めず、奥さんにも離婚されたりして、仕方なく息子さんが面倒を見ているのでしょう。もしかすると、そのために会社も退職しているかもしれません。

こういう事例は、昨今では珍しくないはずです。そして結局、共倒れになるというのが最悪のパターンです。

これは、その家族にとって不幸なだけではありません。**働き盛りが介護のために離職することは、会社にとっても損失です。**その件数が増えるとすれば、もはや国家的損失とも言えるでしょう。

見守りサービスは人のためならず

では、そうならないためにはどうすればいいか。その1つの答えが、見守りサービスです。

比較的元気なおじいさん・おばあさんが対象になりますが、日がな1日、誰かがボランティアとして見守るわけです。

自宅に行き、特に干渉することもなく、本でもスマホでも見ていればいい。そしてときどき会話をしたり、一緒に食事に出かけたりして、夜に家族が帰ってきたらバトンタッチする。途中で様子がおかしくなったり、体調を崩したりした場合に備え、緊急連絡先だけはしっかりシェアする。これが一連の仕事です。

これなら、特に資格がなくても、ボランティアが担えるでしょう。もちろん有償ですが、ベビーシッターよりはずっと安く設定できるはずです。その分、依頼が増えれば、ビジネスとしても成り立つと思います。

またこれには、**ボランティアをする側にもいくつかメリットがあります。**仮に50歳だとすれば、あと20～30年も経つと自分が見守られる側に回ります。そのとき、見守る側とどういうコミュニケーションを取ればいいのか、いわば予行演習ができるわけです。

それに、30歳も年齢が離れると話も合わないかもしれませんが、例えば50歳と70歳の関係なら、まだ共通する話題もあると思います。「ビートルズが来日したときはまだ子どもだった」「こっちはもうサラリーマンだった」といった具合です。

これはお互いに刺激になるし、時間潰しにもなる。余計な〝しがらみ〟がない分、むしろ話しやすいのではないでしょうか。

介護関係だけではありません。**お金も時間もある巨大な高齢者マーケットを対象にした、例えば音楽や雑誌、映画、アミューズメント施設のような文化系ビジネスがもっと充実してもいい。**むしろ充実してもらいたいというのが、僕の願望でもあります。

16 高齢者向け娯楽産業が足りない！

なぜ中高年が聴きたいと思う音楽がないのか

かつて経済が右肩上がりで成長を続けていたころ、高齢者はその勢いの外側にいました。「高齢者雇用」などという言葉は存在しなかったし、その消費に期待する声もなかったと思います。

しかし今、経済はなだらかな右肩下がりが予想されています。そうなると、企業は新しい消費マーケットを開拓する必要がある。その1つは海外ですが、もう1つは間違いなく高齢者でしょう。

高齢化社会に合わせ、企業は高齢者が買いたくなるような商品を考える必要があります。先述したように人数も多いし、概してお金持ち。しかも、**ひと昔前に比べて70～80代でもずいぶん元気です。僕もその1人ですが、僕らに合った商品やサービスがもっとあってもいいはずです。**

ところが、どうもそうした視点がまだまだ乏しい。僕自身がとりわけ不満に思っているのが、音楽業界です。人口の割合で言えば十数パーセントに過ぎない10代のために、ほとんどの精力を集中している気がします。

だから、僕らがCDショップに行っても居場所がない感じがするし、聴いてみたいと思わせてくれるCDもわずかです。

もっと高齢者のための市場を充実させてくれても、バチは当たらないはずです。

音楽業界がまず目を覚ますべきは、もっとも人数が多いのはどの世代か、もっともお金を持っているのは誰かを考えることでしょう。

今の高齢者がCDを買わないだろうという先入観は間違いです。団塊世代以上なので、ビートルズに始まり、ベンチャーズやローリング・ストーンズなどみんな聴いてきました。あるいはジャズもクラシックもロックも、さらにはシャンソン、タンゴ、歌謡曲までも幅広く聴いてきた世代なのです。

むしろ、今の若者以上に音楽漬けの日々を送ってきたと言ってもいいでしょう。その世代向けに音楽を提供しないのは、業界としてももったいない気がします。

若者向けから高齢者向けへシフトを

アメリカでは、高齢者向けの音楽商品企画が充実しています。かねてからラテンやカントリーに人気がありましたが、それは中高年の趣向をがっちりキャッチしているからです。

日本でも、高齢者が興味を示すような音楽企画を作れば売れるはずです。かつて一世を風靡《ふうび》したアーティストがリニューアルアルバムを出したり、世代の違う若いアーティストがカバーしたりする例はありますが、まだまだ少ない。新曲も含めて、高齢者世代に訴えかける企画がもっとあってもいい。

ましてや最近は、ＣＤではなくネットを通じて音楽をダウンロードする時代です。50代はもちろんですが、70代でもスマホやパソコンは使いこなせます。

つまり時間がなくても、いつでもどこでも音楽を買えるわけで、ビジネスチャンスは以前より広がっている気がします。

音楽ばかりではありません。映画もテレビドラマもファッションも若者向けばかりです。企画している人自体が若いのかもしれませんが、少ないパイを奪い合っても利益は知れています。

そこで50代の出番です。

会社ではそこそこのポジションにいるはずなので、社内でターゲットの年齢層を大幅に引き上げるように提案していただきたい。

高齢者はお金を使わないのではなく、使いたくても使い道がないのです。50代なら高齢者は自分の親世代なので、そんな事情もわかるでしょう。

17 地域の高齢者市場を狙って起業しては？

商店街の電器店はなぜ潰れないのか？

商店街の小さな電器店といえば、一時は絶滅危惧種のように見られていました。街中の大きな家電量販店やネット通販という強力なライバルに太刀打ちできないと考えられたからです。

ところが、そうでもないという意見もあります。実際、繁盛している小さな電器店も少なくないらしい。例えば量販店で大きな家電製品を買うとすると、クルマで商品を自宅に持ち帰るか、専用の配送業者に頼むのが主流でしょう。

そうすると、設置は自分で行う必要があります。配送業者に設置サービスが付いている場合もありますが、あとで別の場所に動かしたいと思ったとき、または調子が悪くなったときなどはあらためてお願いする必要があります。

まして高齢者となると、いずれも面倒です。大きな家電製品どころか、電球を1つ交換するだけでも苦労しているかもしれません。

そこで便利なのが、昔ながらの近所の電器店です。

御用聞きのようにときどき訪ねてくれれば、その際に小さなことをお願いできる。家電製品の設置や修理はもちろん、点検もしてくれるでしょう。**かゆいところに手が届くサービスは、特に高齢者にとって必須です。**

もちろん、客としてもこういうサービスを受けっぱなしというわけにはいかないでしょう。電池や電球はもちろん、テレビや冷蔵庫といった大型家電も、量販店より多少高くてもお世話になっている近所の電器店で買うはずです。そこに、電器店の生き残る道があるわけです。

地域密着に商機あり

この延長線上で考えるなら、例えば介護サービスや見守りサービスを担う電器店があってもいい。いわば地域の便利屋さんになるわけで、これは量販店もネット通販もさすがに参入できないでしょう。

もちろん電器店にかぎった話ではありません。薬局のように高齢者需要が多い店でもできるし、あるいはヤクルトおばさんのような訪問販売、お弁当屋さんのような出前の形態、お米屋さんや酒屋さんの御用聞き形態などもあります。

いずれも地域密着を売りにすれば、まだまだ高齢者ビジネスの可能性が開けるのではないでしょうか。

では、誰がそれを担うのか。僕は、中高年が自分の仕事に絡めてアイデアを出したり、もしくは起業してもいいと思っています。

自らのニーズが社会のニーズとも重なるので、むしろ有利ではないでしょうか。

利用者の立場に立ったキメ細かいサービスを考えやすいはずです。

それも、別に全国チェーンを作るとか、一攫千金を狙うとか、大それたことを考える必要はありません。今、持っている資産をなるべく減らさない形で仕組みや働き方を考えれば、俄然ハードルは低くなると思います。

もちろん、いざ事業を始めるとなれば、いろいろ勉強も必要です。しかし、ずっとサラリーマンをしていると気づきにくいですが、いわゆる脱サラをして起業する人はけっして珍しくありません。それに呼応するように、最近は起業に関連するマニュアル本なども多数あります。

基本は人力、主にコミュニケーション力なので、やる気さえあれば先行投資もさほど必要ではないでしょう。同志を募って共同でアイデアを出し合ってもいい。

それによって地域の高齢者に喜ばれ、いくばくかのお金を稼げたとすれば、それは自身のやりがい、生きがいにもつながるのではないでしょうか。

18 高齢者が安心してお金を使える社会にしよう

日本の高齢者はお金持ち

日本で急速な少子高齢化が進展していることは、誰もがよく認識しているでしょう。内閣府によると、2020年時点の日本の高齢化率（65歳以上の人口の割合）は推計で29・1パーセント。つまり、日本人の3人に1人弱は65歳以上ということです。ちなみに、2050年にはこれが38・8パーセントまで達するそうです。

これを社会保障の観点で見れば、すでに15～64歳の現役世代2人で高齢者1人の生活を支える時代に突入しているということです。やがて現役世代1人で高齢者1人を支える時代が来ることも確実です。

支えるということは、平たく言えば生活費を負担するということ。もともと子育てや住宅ローンなども抱えている現役世代が、さらに高齢者向けの負担も増えるとなると、自身の消費を切り詰めるしかありません。しかも給料もさして増えないとなれば、なおさらです。

これは個人の問題に留まらないでしょう。もっとも消費が旺盛なはずの現役世代がそれを控えるとなると、世の中の景気が悪くなります。商品が売れずに企業が儲からなくなると、給料の削減またはリストラが行われます。それがますます消費を抑えるという悪循環に陥るわけです。

さらに問題なのは、支えられる高齢者に本当に支えが必要なのかということです。今日、日本の個人金融資産の総額は約1850兆円にも達していますが、その6割以上を高齢者が保有していると言われています。もちろん個々人によってバラつきはありますが、概して日本の高齢者はお金持ちなのです。

そのお金持ちの高齢者を、お金持ちではない現役世代が支えて汲々としている。

これが日本の現状なのです。おかしいと思うのは、私だけではないでしょう。

70～80代になっても老後が心配

ではなぜ、高齢者はお金を使わないのか。**使い道がないという問題もありますが、それ以前に、老後に対する不安があるからだと思います。**70～80代にもなって、なお「老後」を心配するのは笑い話のようですが、これが日本の現実なのです。

何しろ平均寿命が伸びている。多くの高齢者は貯金を取り崩して暮らしているわけですが、生き長らえる以上、いつか残高ゼロになるのではという恐怖感がある。しかも年金もきちんともらえるかどうか不安。近い将来にインフレにでもなれば、貯金も年金もさらに減ります。

それに何より、体調に対する不安もある。今は高齢者の医療費負担も増える傾向にあります。通院や入院、さらに手術でもすれば、医療費が大きくのしかかってきます。そういう人が増えると、民間の保険会社は契約どおりお金を支払ってくれるのか、その前に倒産してしまわないかという心配も募ってくるでしょう。

こうして将来を見通すと、自分で自分のことを守らなければと思うのも仕方のないところです。だから、大きな貯蓄を持ちながら、なおできるだけ使わずに慎ましく暮らそうとしているわけです。

これは、本来あるはずのお金の回りを悪くするという意味で、日本全体にとってもマイナスです。

ならば、この逆を考えればいい。これは政策の問題ですが、例えば80歳以上の人の金銭的な面倒をすべて見るという制度を整えてほしい。**もし病気になっても、あるいは貯金がゼロになっても、少なくとも路頭に迷うことはないという制度を整えれば、高齢者が安心してお金を使えるのではないでしょうか。**

また、50代にとっても、自身の老後の心配だけでなく、自分の老親の世話という意味で金銭的負担を大幅に減らすことができるでしょう。

19

老後資金はそれほど必要ない

今を楽しむために、もっとお金を使おう

ここまで、中高年からの働き方、お金の稼ぎ方について考えてきました。

しかし、ある程度の預金があるなら、あくせく働く必要もありません。70～80代になっても老後が心配という話をしましたが、実際には老後の生活に、さほどお金は必要ないと思います。

よく言われることですが、**あの世にお金は持って行けません。貯金は生きている間に使い切るのが理想です。**それに70～80歳にもなって、豪邸に住む必要はありません。高齢になってもっとも気楽な空間というと、せいぜい六畳一間か二間といった

ところでしょう。広い屋敷はムダだし、掃除やセキュリティもたいへんです。つまり、アパート暮らしでもOKだと思います。

あるいは食べものにしても、高齢になって毎日高級な寿司や天ぷら、ステーキを食べたいという人は少ないと思います。温かいごはんとナスの漬物でもあれば、それはそれで満足できるのではないでしょうか。

フットワークも、若いころに比べれば悪くなります。夫婦であちこち旅行に行くのもいいですが、そう頻繁には行けないでしょう。そう考えれば、仮に〝大名旅行〟だったとしても、たかが知れています。あくせく貯める必要はありません。

むしろ、人生でもっともお金が必要なのは50代かもしれません。住宅ローンや子どもの教育費もある。部下と飲みに行けば、まさか割り勘というわけにもいかないでしょう。衣類にしても、着古したヨレヨレでは周囲にバカにされます。

あるいは趣味などにしても、できるだけお金をケチるべきではない。**どうせ何かで遊ぶなら、思いっきりのめり込んで遊んだほうがいいと思います。**それによって新たな世界や人脈が広がる可能性もあるからです。中途半端に首を突っ込んで即撤退するようでは、それこそムダ金になります。

だから**50代になったら、老後のためのお金は最低限だけ残すことを考えて、できるだけ今のために使ったほうがいい。それが僕の考えです。**

やや大仰に言えば、幸せとは「幸せと感じる心」のことです。

お金や名誉や地位ではありません。人生の目的は自分たちが楽しく過ごすことであり、お金はあくまでもその手段です。**身体が動くうちに、どんどんお金を使ってどんどん楽しんだほうが、幸せの度合いは大きくなるはずです。**

定年準備
4

家庭に「居場所」を見つけよう

20 まずは家事見習いから始めよう

奥さんに寄り掛かる男は嫌われる

年齢を重ねると、家庭の中で夫は奥さんに寄り掛かりたくなり、奥さんは夫から逃げたがるものです。男はそれをよくよく自覚する必要があります。

これには、夫婦の年齢差も関係しています。一概には言えませんが、たいていの夫婦は奥さんのほうが若いし、平均寿命も女性のほうが7歳くらい長い。この2つを考え合わせると、奥さんは10年以上をひとりで生きる可能性が高いわけです。

それを見据えて、女性は若いうちから〝ひとり暮らし〟の準備を始めているのかもしれません。

現実に、概して女性のほうがフットワークは軽いので、近隣に多くの友人がいます。SNSを使ってネットワークを広げるのも、女性のほうが得意です。結局、どんどん外に出るわけです。

一方、男はそういうことが得意ではありません。会社を辞めて暇になったとしても、隣の家に遊びに行くことはあまりないと思います。だからますます孤立して、家の中ですっかり奥さんに頼るようになる。奥さんが外出するときも、男はその後をついて行きたがったりするわけです。

ところが、**男自身はそういう不利な状況にまだ気づいていないことが多い。**

仕事が忙しい間ならまだ許されますが、問題は定年後です。何もせずに家の中にいるだけだとしたら、奥さんにとってはうっとうしいだけでしょう。

今までのように、自分は何もせず、いろいろ命令して炊事・洗濯をさせているようでは、やがてカタストロフィーが訪れることは確実です。

家事くらいできる男になろう

僕自身は奥さんに頼る夫ではありません。家事もするし料理もする。食事を作ったり食器を洗ったりするのに、何の抵抗もないのです。むしろ何でも自分でやるのが好きだから、家事をごくふつうのこととして実践しています。

とても偉そうなことは言えませんが、夫ももはや家事から逃れられる時代ではないでしょう。最近は「男の料理」が人気なので、厨房に入ることを厭《いと》わない人も増えていると思います。

しかし、それだけではダメ。掃除でも、洗濯でも、買い物でも、家事全般を夫婦で役割分担するのが自然だと思います。

家の中にいて役に立たないから嫌われるのです。逆に言えば、嫌われないようにするには「この家庭の中でも俺は役に立っている」と存在感を示すことができればいい。手っ取り早いのが家事というわけです。

定年になってから、あるいは会社をリストラされてから始めるのでは遅い。まだ仕事のあるうちから、少しずつ慣れておいたほうがいいと思います。

土日にはゴルフばかり行かず、あるいは一日中ゴロゴロするのでもなく、まずは〝家事見習い〟でもしたほうがずっと建設的です。

料理の1つでも覚えたり、家の修理でも買って出たりすれば、家族の見る目も変わるでしょう。

個人的におすすめなのが、魚の捌《さば》き方を習得すること。昨今の奥さんは、スーパーで切り身を買ってくれば済むので、捌き方を知らないことが多いようです。そこでスパッと捌いて見せれば、確実にポイントは上がるはずです。

最初は何匹かムダにするかもしれませんが、しかるべき本を見れば魚ごとに詳しく書いてあります。

あとは、意欲と危機感の問題。家庭に居場所を確保したければ、これくらいの労力を惜しむべきではありません。

21 夫婦で立場を交換してみよう

奥さんに出て行かれた男は悲惨

前出の日本笑い学会副会長の昇幹夫先生から、こんな話も伺ったことがあります。

「人間は楽しいことはずっと覚えているが、嫌なものはすぐ忘れる」

だから**「おじいさんは、いろいろなことを忘れているが、奥さんの名前だけは覚えている。しかし、おばあさんは、最初に旦那さんの名前を忘れる」**のだそうです。

若干の誇張はあるかもしれませんが、つい納得してしまう話です。

名前を忘れられるだけならまだいい。中高年になって奥さんに出て行かれると、男は本当にみじめです。

僕の周辺でも、50〜70代で離婚した男女が何人もいます。女性のほうは、元夫のことなどすっかり忘れたようにイキイキとしているのが常。「ようやく春が来た」と喜ぶ女性もいました。しかし男のほうは一様に未練がましくて、「もう1回、ヨリを戻したい」と本気で考えているようです。

かつて、そういう男に「じゃあ、なんで離婚したんだ?」と尋ねたことがあります。すると「いや、そのときは愛人もいたので……」などと言う。

一度は愛人と一緒に暮らしてみたものの、その愛人にも捨てられてみると、「やっぱり奥さんが良かったな」と目が覚める。ところがそうなると、今度は奥さんにも愛想を尽かされて……、といった具合です。

これは極端な例でしょうが、似たような境遇に陥る可能性はどんな男にもあります。そうならないためにも、あらゆる方法を使って、奥さんをつなぎとめておいたほうがいい。

気恥ずかしさを乗り越えて、その昔に奥さんをゲットしたときの努力を思い出す必要があります。下世話な言い方をすれば、釣った魚にエサをやらないと、奥さんに本当に出て行かれてしまうのです。

夫婦の役割分担は習慣的に決まっただけ

離婚に至るのは、お互いの考えや状況を理解できていないことが主な理由です。ならば一度、お互いの立場を入れ替えてみてはいかがでしょう。

特に、リストラされたときがチャンスです。

夫が家事に専念する〝主夫〟となり、奥さんが外に出てフルタイムで働く。すでにパートなどをしている場合もありますが、もっと本格的な仕事に就くわけです。

もちろん、あくまでも〝お試し〟なので、永久にその状態を維持する必要はありません。夫の再就職が決まったら、また相談すればいいだけの話です。

だいたい夫婦の役割分担というのは、なんとなく習慣的に決まっただけです。男性が「育休」を取る制度も少しずつ浸透しているようですが、たしかに男性が子どもを育ててもおかしくはありません。

夫が家事をすべてこなし、ストレスが溜まったら昼間にカラオケでも行ってビールを飲めばいい。

また奥さんは帰りに同僚たちと焼鳥屋にでも寄って、ウサ晴らしをすればいい。

それまでお互いがやってきたことをお互いに体験してみると、「けっこうつらいこともあるんだな」と気づくはずです。

そうすると、お互いの立場や気持ちがよくわかります。

相手に甘えていた部分にも気づけます。

当然、相手への思いやりの感情も湧いてくるでしょう。

きっと、新鮮な気持ちで新しい夫婦関係を築けると思います。

かつては「こんなに遅くまで、どこに行ってたのよ！」などと怒鳴っていた奥さんも、多少は大目に見てくれるようになるのではないでしょうか。

22 中高年の危うい夫婦関係を見直そう

出世と家庭は両立しにくい

芸能人の離婚会見などを見ていると、「お互いに忙しくてすれ違うことが多かった」という話がよく出てきます。あるいは「夫は家庭を顧みない人でした」「妻は家を空けることが多かった」といった〝恨み節〟も定番でしょう。

しかし僕は、こういう話を聞くたびに、ちょっとした違和感を覚えます。はっきり言って「お互いにわがままだな」と思うのです。

仕事が忙しくて家庭が二の次になるのは、それほど悪いことでしょうか？

少なくとも僕らが子どものころ、父親によく遊んでもらったかと言うと、そうでもない。高度成長期真っ只中という時代のせいもあるかもしれませんが、家族旅行などにも一度も行ったことはありません。それでも皆、当時の子どもたちはふつうに育って社会人になっていったのです。

「親はなくとも子は育つ」と言いますが、父親がいつもそばにいることが、子どもを立派に育てる必須条件ではない気がします。

むしろ私見によれば、家族サービスに熱心な父親は、会社であまり出世しません。家族を優先するということは、必然的に仕事は後回しになるわけです。

逆に出世する人は、だいたい家庭が壊れている。あまり家へ帰らないから、最終的には別居したり離婚されたりするのです。

つまり仕事と家庭というのは、なかなか両立できないというのが現実ではないでしょうか。両方ともうまくいっている人は稀です。もちろん、両方ともうまくいっていない人もいると思いますが、それはまた別の問題です。

浮気する男は奥さんに浮気されても文句を言うな

ただし、夫が高収入の場合にはなかなか離婚まで至りません。夫婦仲はうまくいっていなくても、外見上はなんとなく保っている場合が多い。

奥さんにとって夫は、「お金を持ってくる人」でしかないからです。もはや愛する人でも人生のパートナーでもないのです。

だから、仮に夫が外で女を作っても「どうぞ、お好きなように」という感じ。たくさん稼いで家庭に貢いでくれれば、それで十分なのです。

僕の周囲にも、すっかり奥さんに愛想を尽かされた男が複数います。しかも奥さん公認の愛人までいたりする。

それでも別れないのは、ひとえに収入が多いからです。**金の切れ目が縁の切れ目と言いますが、金が切れないから〝縁〟が続いているわけです。**

それはそれで、男にとっては案外居心地がいいかもしれません。しかし問題は、奥さんのほうが愛人を作る場合です。

例えば奥さんが趣味に大金を注ぎ込んだり、ホストに入れ込んだりするくらいなら、まだいいでしょう。家庭の財産が削られるだけです。

ところが愛人となると、男はうろたえるものです。自分も好き勝手なことをしているくせに、どうしても許せないという感情が湧いてくる。

しかし、**ここで文句を言うのは筋違いでしょう。**

「あんたも同じでしょ」と反論されたら、もう返す言葉はありません。

僕の知り合いに「男と女とは違うんだ」などと屁理屈をこねた男がいましたが、奥さんからますますバカにされただけでした。

まして昨今は、奥さんもバリバリ働いて稼いでいるケースがよくあります。そうなると、男はますます発言権を失います。それで養ってもらっていたりすると、離婚されないだけマシ、と思ったほうがいいかもしれません。

23 再婚するなら形式にこだわることはない

中高年の再婚は多いが…

中高年の離婚は、奥さんの側から申し出ることが多いそうです。

そもそも奥さんの「離婚したい」という〝潜在願望〟はかなり強いらしい。とはいえ簡単に実行に移さない最大の要因は、まだ子育て中だから。

例えば、子どもが中高生という多感な年齢だと、離婚の影響は必ず出る。だから、我慢しているわけです。

ということは、子どもが成人・独立しさえすれば、もう夫婦として一緒にいる理由もなくなります。

そのタイミングで離婚が増えるのは、いかにも理にかなっている気がします。

もちろん夫婦仲が良いなら、それに越したことはありません。しかし、**合わない者同士、お互いにもう心も離れている場合には、一緒に生活すること自体が苦痛かもしれません。ならば、お互いに納得ずくで離婚しても一向にかまわないでしょう。**

そうすると、必然的に中高年の離婚が増えていくことになります。つまりは50〜60代のひとり暮らしが増えていくわけですが、それではいかにも寂しい。そこで中高年同士で再婚という話になるでしょう。

事実、かつては若い人の専売特許だったお見合いパーティーや結婚相談所に、最近は中高年の数がかなり多いそうです。

しかし、中高年の再婚となると、相続問題で家族に反対されることが少なくありません。息子や娘にとっては、再婚によって父親の家や土地などが新しい奥さんに取られてしまうという懸念があるからです。あるいは、子どもが「あの人がお母さんと同じお墓に入るのは許せない」と言い出すこともあり得ます。

お互いに自立したほうが長続きする

そこで思うのですが、相続などで周囲の家族に反対されるのなら、新たにあえて婚姻関係を結ばなくてもいいのではないでしょうか。

中高年にとって大事なのは、結婚制度という形より中身です。

人生の良きパートナーとして、一緒の時を過ごすだけでいいと割り切ることもできる気がします。それは、茶飲み友だちのような形でもいいし、親しいボーイフレンドとかガールフレンドという形でもいい。もはや戸籍にこだわる必要はないと思います。

以前、僕はパリのモンパルナスのホテルに泊まったことがあります。その近くの墓地には、かの有名なフランスの作家・サルトルとボーヴォワールが並んで埋葬されていました。

有名な話ですが、彼らは戸籍上の夫婦関係は結ばず、お互いの契約を更新させながら、途中サルトルがほかの女性に心を移したことも乗り越えて、生涯の良き伴侶となりました。一緒に暮らしたのはほんの2年程度でしたが、2人が生涯の最良のパートナーだったことは誰もが認めるところです。

結局、未来永劫にわたって一緒にいるわけですから、こういう男女のあり方はある意味で理想型でしょう。むしろ結婚してしまうと、男は「よもや別れまい」とすっかり安心してしまい、奥さんに甘えがちになります。

結婚する前までは、せっせとプレゼントしたり、ときには手料理まで披露したりするが、結婚後もそんなことを続けている男は稀でしょう。

それだけ気の置けない関係になったということですが、見方を変えれば優しさがなくなってしまうわけです。

そんな怠惰な関係になるくらいなら、あえて結婚という形を取らず、お互いに自立したまま、緊張感を持ってつき合ったほうが、結果的には長続きするのではないでしょうか。

24 うまく老親とつき合う秘訣

老親に家庭内での役割を与えよう

中高年になると、老いた親の世話をどうするか、という問題が降り掛かってきます。少し前なら、奥さんがその役割を担うケースが多かったと思います。

しかし昨今は、親は親、子ども夫婦は子ども夫婦で別々に暮らすことが多いようです。お互いにそのほうが気楽、という面もあるでしょう。

そうすると、必然的に老父が老母の世話、あるいはその逆というパターンが増えていきます。いわゆる老々介護の最たるケースです。

しかしそれも、必ずしも悪いことばかりではありません。かつて、僕の母が転んで複雑骨折し、入院せざるを得なくなったときのこと。それまで母に頼り切り、家事など一切してこなかった当時80歳過ぎの父が、俄然張り切り出したのです。

「自分が何とかしてやらなければ」という闘志のようなものが芽生えたのでしょう。以前よりイキイキして、頭もしっかりしてきました。

ところが、母がすっかり元気になって退院してくると、父はまた以前の姿に戻ってしまいました。気が抜けたせいかぐったりして、日常のすべてを母に任せるようになったのです。

高齢になると、多くの人は責任のある仕事を与えられなくなります。それは生きがいを奪うことにもつながっている気がします。逆に言うと、**「これをしなければ」というものがあると、気力も体力も充実するのです。**

老親が、奥さんまたは夫の世話をするという仕事も、その1つになり得るということです。

近距離での別居が理想的

とはいえ、老親同士の世話には限界があります。老々介護には変わりありませんが、中高年になった子ども夫婦がある程度は面倒を見る必要があると思います。

理想を言えば、自分たちと親とが「スープの冷めない距離」に住むことでしょう。これなら、お互いの生活に干渉しすぎることはないし、何かあればすぐに駆けつけられます。

かつて、僕はそれを二世帯住宅で実践していました。僕の両親が1階に住み、僕と奥さんと子どもたちが2階に住んでいました。一緒なのは玄関と風呂だけで、台所、居間、トイレは別です。

そうしないといけない理由は、まず食べものが違うからです。高齢者は揚げものなど脂っこいものをあまり食べません。しかし育ち盛りの子どもがいると、そういうものをこそ食べたがります。

それに、それぞれのプライバシーも守られる。手前味噌ですが、けっこううまくいっていたと思います。

別に二世帯住宅にこだわることはありません。同じマンションで別々のフロアとか、一戸建てでも歩いて行ける距離に住めればいいのではないでしょうか。

ただし、いずれの場合でも大事なのは、自分の奥さんに対するケアです。

自分の親が近くに住み、自分が平日昼間は仕事に出ているとすれば、奥さんに世話を頼むケースは間違いなくあります。

奥さんにとって義理の両親は、仮にどれほど親しくても他人です。世話をすれば気疲れはするし、自分の時間も奪われる。もし両者が対立したとき、夫の自分が親の味方をしたら、奥さんは完全に孤立してしまいます。そういう状態だけは避けたいところでしょう。

両親と奥さんが対立したら、できるかぎり奥さんの側に立つ。たまの息抜きも奨励する。これくらいの気配りをしても、バチは当たらないでしょう。

年齢を重ねると、
夫は奥さんに寄り掛かりたくなり、
奥さんは夫から逃げたがる。

男は、このことをよくよく自覚する必要があります。

定年準備

5

子どもに何を伝えるか

25 時代に合わせて価値観を変えることが大事

かつての人気企業がリストラの嵐

50歳前後ともなると、そろそろ子育ても卒業している人が多いでしょう。しかし晩婚化の昨今、子どもがこれから大学入試や就職試験、もしくは高校入試や中学入学を控えているという人も少なくないと思います。

概して親は、子どもにより偏差値の高い学校に行ってほしいと願うものです。そうすればいい会社に就職できて一生安泰、と考えるからでしょう。

しかし、今やそれが幻想に近いことは明らかです。

かつての大企業が不祥事等で窮地に立たされる場面を、すでに何度も見てきました。経営は安泰だとしても、合理化等の理由でリストラを行うことは茶飯事です。とりわけ人気就職先の常連だった銀行は、メガバンクを中心に大々的な人減らしを断行しています。かつての〝いい会社〟も、時代が変われば簡単に人を切り捨てるということです。

そこで重要なのは、価値観を変えること。50歳前後ではもう手遅れかもしれませんが、子どもたちなら変えられます。

例えばアメリカでは、イェール大学やハーバード大学のようなエリートの学生ほど大企業は志向せず、自らでベンチャー企業を起こそうとする傾向があると言われています。それが軌道に乗ってきたら、その事業ごと大企業に売却して、またゼロから会社を起ち上げたりする。

もちろん成功の確率はきわめて低いのですが、彼らはけっしてあきらめません。このバイタリティが、アメリカ経済の強さの根源でしょう。

日本の学生にも、ベンチャー企業はおもしろい、カッコいいという価値観を持ってもらいたいと思います。それが、将来の日本経済を牽引することになるはずです。

今の大企業も将来はわからない

ちなみに僕が大学生のころは、企業によって就職試験の際に指定大学があり、その大学以外の学生は門前払いされていました。

しかも、運よく指定大学に入っていたとしても、学内に学部長推薦や総長推薦などがあり、ある程度の成績がないと就職試験を受けさせてもらえない場合もあった。いわゆる学歴に対して、当時はかなりシビアだったわけです。

だから僕も、「優」の数を増やして推薦をもらうために、それなりに勉強をした覚えがあります。特に4年生のときには、就職ではなく卒業のために滅茶苦茶に勉強しました。松下電器産業（現・パナソニック）への就職は内定したものの、これ以上に単位を落とすと留年、というところまで追い込まれたからです。

当時の仲間たちも、似たような状況でした。優秀なヤツほど、人気業界だった繊維や鉄鋼、航空会社などに進んだものです。

では、それから30年後、僕らが50歳を過ぎたとき、それぞれどうなったか。僕自身は松下電器産業を3年で辞め、漫画家として生きる決断をしました。ほかの連中もそれぞれがんばっていましたが、思うように出世できたわけではありません。

特に当時の花形だった繊維産業に意気揚々と進んだヤツは、業界の衰退とともに元気を失ってしまいました。盛者必衰が世の中の摂理なのです。

あるいは東大を出てエリート官僚になった人も、ふとしたことで転落しかねない。特に最近、そういう事例が多々あることは周知のとおりです。

こういう体験や事例があるからこそ、親は子どもに向かって「勉強しろ、いい大学に行け、いい会社に就職しろ」とハッパをかけるべきではない。

就職に関しては、せいぜい「世の中をよく見て、自分に何ができるかを見きわめろ」と声をかけるだけで十分ではないでしょうか。

26

サラリーマンだけが生きる道ではない

子どもの「得意」を伸ばそう

あらゆる科目をまんべんなく教えるというのが、日本の教育方針のようです。苦手科目があれば、とにかくその克服に労力をかける。すべてにおいて平均点以上を目指すわけです。

その権化が、国立大学入試のセンター試験でしょう。全科目でまんべんなく点数を稼がないと、合格点に達しない。だから苦手科目ほど、余計に勉強しなければならないのです。

しかし、そんなものにどれだけの意味があるのか。むしろ、まったくムダな勉強だとさえ思っています。

例えば僕の場合、よく思い出すのは元素の周期表です。一生懸命覚えさせられましたが、社会に出て役立ったことはありません。あるいは炎色反応とか、しょ糖の構造式とか、計算尺の使い方とか、対数とかも同様。長い時間をかけて教えられましたが、いったい何だったんだろうと今さらながら思います。

もちろん、その専門分野に進むなら不可欠な勉強ですが、そういう人はわずかだと思います。全員が均等に学ぶ必要はないはずです。

そんな勉強に時間を費やすくらいなら、**もともと成績が良かったり好きだったりする科目をもっと集中的に勉強させたほうが、ひょっとしたら将来突出した人物になるのではないでしょうか。**

平均的に全体の力を上げるより、よほど効果的な気がします。本人にとっても、そのほうが楽しいはずです。

実際、世に出て活躍している人は、センター試験を経た国立大学卒より3科目程度で受験できる私立大学卒のほうが多い気がします。それは、ムダな勉強に時間を削がれなかったからではないでしょうか。時間や労力の余裕が、素質や才能の研磨を可能にするのだと思います。

義務教育は小学校まででいい

極論すると、僕は義務教育は小学校まででいいとさえ思っています。

卒業するころには、世の中について広く浅く理解しているはずです。それにもう新聞くらいは読めるようにもなります。**そこから先は、それぞれ何を学びたいか、自分で選択すればいいのです。**

それは科目の勉強とはかぎりません。職業能力開発校などでもいいし、大工さんや板前さんの修業でもいい。例えば今日、フランス料理界の第一線で活躍している人は、大学まで行っていない人が多いと思います。

ところが料理の腕はもちろん、フランス語も流暢に話せたりする。修業の過程で、どうしても必要になって学んだのでしょう。これは言葉ばかりでなく、すべての技術や知恵にも当てはまることだと思います。

実際、高校生に話を聞くと、「本当に勉強が嫌い」という子がたくさんいます。「じゃあ何をやりたいの?」と尋ねると、「早く働きたい」とか「マクドナルドでバイトしているときのほうが楽しい」などという答えが返ってくる。

「それなら高校を中退して働けよ」と思うのですが、それは親が許さないという図式になっている。

つまり、**子どもの意思を親が押し潰しているわけです。**たしかに、高校くらい卒業しないと就職できない、というのが一般常識でしょう。

しかし嫌いな勉強を重ね、苦労して就職しても、あっさりクビになりかねないことは前述のとおり。それに、サラリーマンだけが生きる道ではありません。若いうちに自分の意思で修業させたほうが、結果がどうであれ、本人も納得できるのではないでしょうか。

27

幅広い知識がないと好きなことに出会えない

世の中の厳しさを教えよう

「義務教育は小学校まで」とは言っても、卒業後は遊んで暮らせばいいと言っているわけではありません。むしろ逆で、それぞれの分野でいっそう勉強なり修業なりする必要があるということです。

ところが、概して今の親は子どもに甘い。まさか〝小卒ニート〟を容認はしないでしょうが、それぞれに個室を与え、スマホでもゲームでも買ってやり、「勉強しろ」と強く言えないようです。

その傾向は、ちょうど僕らの世代が父親になったころから始まった気がします。

戦後教育の中、平等と価値観の多様性を認める教育を受けてきた結果、親も先生も子どもを強く叱らなくなりました。だから僕らも、怒り方・叱り方を知らない。そんな子育てが、今日まで続いているようです。

その結果、今の日本では、あまりにも子どもに快適さを与えすぎている気がします。

世の中には不自由さや理不尽さがたくさんあるのだと教えるのも教育です。嫌なこともやらなければならないときがあるし、嫌なヤツと協力しないといけないときもある。それを知らずに大人になると、社会ではなかなか通用しない気がします。

こういう意見に対しては、「多様化・個性化の時代だから」という反論もよく聞きます。もちろんそれも大事ですが、それを理解できる子どもは少数でしょう。多くの子どもは、緩めれば緩めるほど、楽なほうへと流れるだけです。

多様化・個性化とは、人と違う道を行くということです。

それを本格的に目指すなら、今までよりもっと厳しい世界が待っている。それを子どものうちに教えるのが、教育の役割でしょう。

「何のために勉強するの?」と聞かれたら

子どもは、甘やかすと勉強しなくなる。それを端的に象徴するのが、かつての「ゆとり教育」でしょう。カリキュラムを大幅に緩めた結果、日本の子どもは「バカ」になった。これは誰もが認めるところだと思います。

その反省を踏まえるなら、子どもにはある程度強制的に勉強させないといけない。それは学校と同時に親の仕事でもあります。

そうすると、子どもは強制を嫌がって疑問を持ちます。

「何のために勉強するの?」ということです。

前述のとおり、いい大学、いい会社に入って安定を手に入れる、というモデルは崩壊しつつあります。その意味では、親の「勉強しなさい」に以前より説得力が不足していることは間違いないでしょう。

例えば僕の友人の場合、子どもが小さいころにそう聞かれ、苦し紛れに「自分を磨くため」と答えたそうです。何とも抽象的ですが、子どもは納得してくれなかったらしい。「じゃあ勉強ではなく、ほかのことで磨いてもいいじゃないか」と反論され、「知識があることも必要なんだ」などと適当に答えてごまかしたとのこと。

この答えは、曖昧ですが正しいと思います。

特に子どものうちは、知識が圧倒的に足りないわけです。それを一度は網羅的に知っておかないと、自分は何が好きか嫌いかもわからない。つまり「多様化・個性化」の前提条件になるわけです。

例えばフランス料理を知らない人が、いきなりフランス料理の料理人になりたいとは思わないはずです。

それは学問でも、芸術でも、スポーツでも同じこと。「世の中にはこういうものがある」ということを幅広く知ることが、親が子どもに「勉強しなさい」と迫るべき最大の理由だと思います。

28 努力しても報われないことは多い

人にはそれぞれ個体差がある

「努力は報われる」とは、成功した人がよく残す言葉です。もちろんそこに嘘はありませんが、必ずしも正しいとは言えません。努力しなければ報われないことは確かですが、努力しても報われないことは多い。

50歳にもなれば、誰もがそう気づいているはずですが、僕は、子どもにもそれを教える必要があると思っています。

例えば、漫画家になりたい人はたくさんいます。では朝から晩まで漫画を描き、努力を重ねていればなれるかと言えば、残念ながら違います。もしかすると、一方ではさして努力もせず、適当に描いた作品がヒットして漫画家になってしまう人もいる。これが才能の違いというもので、それを努力だけで埋めることはできません。

おかげで、理不尽なこともたくさん起こります。1人の漫画家には複数のアシスタントがいて、いつか漫画家として独立することを夢見ているのが常です。その中には、本当に1〜2年で才能を開花させ、デビューする人もいる。そういう人がベンツに乗って、元のアシスタント仲間のところに挨拶に来るわけです。

アシスタント仲間の中には、もう十数年もがんばっている先輩もいる。デビューした後輩に線の引き方から指導した人もいる。その後輩に「元気ですか？」などと明るく声をかけられて、「おお、がんばっているねえ」と応えたりしていますが、内心は忸怩たる思いがあるはずです。

こういう情景は至るところで見られるものです。

人間は下等動物のアメーバとは違い、生まれたときにすでに個体差があります。残念ながら、非常に出来のいい人とそうでない人とが出てくるのです。

それでも「人間は平等だ」と主張するのは、いささか無理がある。**もちろん法的には平等ですが、持って生まれた能力は平等ではありません。**それが人間社会なんだということを少しは認めさせるのも、教育ではないでしょうか。

才能より性格の良さが運命を握る

では、才能がすべてを決めるのかというと、そうでもありません。**いくら才能を持っていても、本人の人間性によって道を閉ざされることもある。**これが人間社会の奥深いところです。

例えば、デビューしたての漫画家A君とB君がいたとします。A君は編集者とのつき合いがよく、一緒に飲んだりカラオケに行ったりしていますが、B君は編集者とあまり話したがらず、高慢で反抗的な態度を取っていたとします。

さてその場合、編集者が次の仕事を頼みたいと思うのはどちらでしょうか。答えは当然、A君です。「B君の漫画もいいけれど、コイツと一緒に仕事をするのは嫌だな」と思うのが人情。社会の人間関係とは、そういうものです。厳密に能力だけで仕事が回るわけではないのです。

実はかつて、僕の弟子の中にもそういう人がいた。バックを描かせれば抜群にうまかったが、いつも遅刻をする。注意をしても知らん顔。ときには反抗的な態度まで取る。辞められても困るのでずいぶん甘やかしてしまいましたが、これがいけなかった。何を勘違いしたのか、彼は編集者にも同じ態度で接していたのです。

結局、彼はけっこう才能があったにもかかわらず、やがて編集者に嫌われ、漫画をあきらめて田舎に帰ってしまいました。

こういう事例も、世の中にはたくさんあります。

もちろん努力することが大前提。しかしそれだけではダメ。人間性を磨き、少なくともふつうに人とコミュニケーションができる人間になることも欠かせません。

大人にとっては当たり前のことだと思いますが、それを子どもに教えるのも大人、とりわけ親の役割だと思います。

29

どんな経験もムダなものは何もない

若手漫画家が頭角を現せない理由

「うちの子は勉強が嫌いで絵がうまいから、漫画家にさせたいのですが」という相談を受けることがあります。こういうときは、ひと言「難しいですね」としか答えられません。

絵がうまいだけの人は、アシスタントならいいですが、漫画家になれるかどうかはわからない。漫画家にとって重要なのは、絵の上手下手より、物語を作る能力があるかどうかです。物語が面白ければ、たとえ絵が下手でも、それがかえって味になったりするのです。

今は雑誌ごとにいろいろな新人賞があり、入賞する人は毎年10～20人にものぼります。しかし、その中で数年後にも漫画を描いてメシを食えている人は、ほとんどいません。それほど厳しい世界なのです。

一方で、『ビッグコミック』などの連載陣は何年も変わらなかったりします。これは既得権が新人を排除しているわけではありません。ベテランを押しのけるほどの人材が、登場していないのです。

こうした現状から考えられることは1つ。漫画家志望の若い人には、圧倒的に努力や根性が足りないということです。僕らベテランのレギュラー陣は、毎日ひたすら漫画を描いている。ところが若手には、漫画に向き合う姿勢や覚悟が足りない。これではベテランに追いつけるはずがないでしょう。

必死になる意識や習慣を持たせよう

では、ベテランに勝つには何が必要か。まず当然ながら、毎日必死に描く覚悟を決めること。質はともかく、量で上回るくらいでなければ、勝負になりません。

それに加えて、オリジナルな物語を作る能力を磨くこと。それには、頭の中で考えるだけではダメです。世の中のいろいろなニュースや本や雑誌を読み、さまざまな動きの背景を調べ、さらに自分で多くの経験を積み重ねること。そのすべてが物語の材料になり得るのです。

禅僧ではありませんが、あらゆる日常が漫画を描くための修行だと思うくらいで、ちょうどいいと思います。

僕の場合、会社を辞めたのが25歳で、賞をもらったのが26歳、初めて連載をもらったのが28歳でした。この時期は、本当によく仕事をした覚えがあります。机に向かったのは、毎日16時間以上。せっかくチャンスらしいものをつかんだので、「今やらないでいつやるんだ」と自分に言い聞かせながらがんばったのです。

もっとも、漫画家のデビューとしては遅いほうです。当時も今も、10代でデビューする人は少なくありません。その代わり、僕が持っていたのが、さまざまな経験です。大学を出てサラリーマンになり、社会を見たことが僕の漫画の土台になりました。

その意味では、けっして遠回りではなく、むしろオリジナルな世界を描くには一番近道だった気がします。

今にして思えば、サラリーマン時代のみならず、ムダ足だった経験は何もありません。強いて挙げるなら、麻雀に明け暮れた大学の4年間はムダが多かった気がしないでもない。

しかし多くの仲間と出会い、いろいろな考え方や生き方を学ばせてもらったという意味では、やはり漫画を描く際の糧になっていることは間違いありません。

もちろん、これは漫画にかぎった話ではないでしょう。

ある程度の能力があるとして、それが開花するか否かは、日々の心がけと努力しだい。子どもがどんな分野に進むにせよ、そういう意識や習慣を持たせることが、親の重要な役割だと思います。

30 自分の財産は自分で使い切ろう

子どもに財産を残す必要はない

自分の親の世話や自分の老後はともかく、自分の子どもの将来のためにお金を残さなければと考える人も少なくないようです。

だから生活を切り詰めてでも貯金する。親心としては理解できますが、これこそ過保護というものではないでしょうか。やはり、**自分の財産は自分たち夫婦で使い切るのが基本だと思っています。**

例えば、子どもの結婚式の費用を全額負担するとか、子どもの買ったマンションの頭金を負担してあげるといった話もよく聞きます。その日のために、長く積立預金などをしているケースもあります。

ただそれは、純粋に子どものために提供するのではなく、「その代わり、老後はちゃんと面倒を見てくれよ」というバーターを期待していることが少なくないようです。そう声に出してストレートに要求するか、無言のプレッシャーをかけるかはともかく、子どももそれはある程度覚悟しているでしょう。

しかし僕の知るかぎり、こういう〝取引〟はあまりうまくいかないようです。なまじ親は子どもに期待するから、「ああしてくれない、こうしてくれない」と不満が募ってくる。一方で子どもの側も、「これだけ面倒を見ているのにまだ足りないのか」「恩着せがましい」とストレスを感じる。こういうボタンの掛け違いでいがみ合う親子を、僕はたくさん見てきました。

そんな思いをするくらいなら、あらかじめ最初から子どもに対して「自分のお金は自分で使い切るからアテにするな。そのかわり老後の世話にはならない」と明言しておいたほうがいいかもしれません。

親が子どもを懸命に育てるのは、子どもが社会人になるまで。そこまでやれば十分です。その後は、それぞれ別の人生と割り切るべきでしょう。

子どもが頼ってきても断ろう

これは、親がいかに子離れするかという問題でもあります。

いつまでも過保護に育てると、子どもは親に依存して自立できなくなる。だからいつまで経っても親元を離れず、下手をすると働きもせずニートになったりするわけです。

家庭の事情はそれぞれでしょうが、いい年になった子どもを甘やかしてもロクなことはありません。まして親の財産をアテにするようでは、まともな人間にはなりません。

財産が有り余っているなら相続してもらうしかないですが、そうではない場合、けじめとしてしっかり切り離す必要があると思います。

だいたい日本の相続税は徐々に重くなり、今や世界でもトップクラスです。子どもに相続してもらう形にすると、一定金額の控除後に10～55パーセントは税金で持って行かれます。財務省からは感謝されるかもしれませんが、あまり効率のいいお金の使い道とは言えないでしょう。

しかもその挙げ句、分配をめぐって子どもの間で醜い争いが生まれることもよくあります。

なまじ財産を残してその元凶を作ってしまうようでは、死んでも死にきれないでしょう。これを避けるには、自分で使い切ってしまうのが一番です。

場合によっては、子どもが頼ってくるかもしれません。それでも頑として断るのが、親の役割だと思います。極端な話、親子断絶してもかまわない。**たとえ親子といえども、お金のやりとりは百害あって一利なしというのが僕の考えです。**

世の中には理不尽さがたくさんあることを教えるのも親の役割。

社会に出れば、嫌なこともやらなければならないときがある。それを知らずに大人になると、社会ではなかなか通用しない。

定年準備

6

恋愛に定年なし

31 ボケたくなければ、恋をしよう

楽しく生きれば免疫力が高まる

かつて、医学博士の大島清先生による『人生を生ききる性脳学』（講談社）という本がありました。それによると、人間がボケを防止し、健康で長生きするためには、年齢に関係なく恋をしたほうがいいそうです。性的関係を持てばもっといいとのこと。これは、今日も通用する真理でしょう。

性的関係というのは、別に肉体関係だけではありません。異性とコンサートや映画に行ったり、食事をしたりというだけでもいいそうです。それで自分の脳内ホルモンが刺激され、ボケ防止になるらしい。

言われてみれば、誰でも思い当たるフシがあるのではないでしょうか。

恋愛とまではいかなくても、家族以外の異性が近くにいるだけで、勘違いも含めて「自分は見られている」という意識が働きます。

見られているということは、多少はストレスも感じますが、それがちょうどいい刺激になる。緊張感が生まれて「ボケている場合ではない」となるわけです。

まして恋愛感情にまで発展すれば、楽しい気持ちになります。それが身体の免疫力を高めると言われています。

白血球の1つであるリンパ球にはＮＫ細胞（ナチュラルキラー細胞）というものがあります。例えばガン細胞のような異物が入ってくると、それが近づいていってガン細胞を食べてしまうそうです。

楽しい気持ちになると、そのＮＫ細胞が活性化する。だから免疫力が高まるというわけです。恋愛することで健康になれるなら、まさに一石二鳥といったところではないでしょうか。

イライラしたときこそ「笑い」を

あるいは、前にも紹介した日本笑い学会副会長の昇幹夫先生にも、おもしろい話を伺いました。

認知症の高齢者に思い出話を聞くと、つらかったことはすべて忘れ、楽しかったことやおいしかったことはびっくりするくらいよく覚えているそうです。

これは、人間の防衛本能なのかもしれません。楽しいことは身体の自己免疫細胞を高め、つらいことは低めるということでしょう。

「だから人間は、楽しいことをして生きるべきだ」と昇先生は仰っていました。毎日笑い転げていれば、少なくとも身体に悪いことはないはずです。

実際、笑うことは以前から病気治療に取り入れられています。

有名な話ですが、リウマチ病棟に落語家を招き、患者さんの前で落語を披露してもらい、その前と後で血液検査をしたところ、後のデータのほうがＮＫ細胞が活性化したそうです。

だとすれば、効果があるのはリウマチだけではないでしょう。僕は専門家ではないので詳しいことはわかりませんが、笑いは身体の免疫力を高めるだけではないらしい。心をリラックスさせ、血圧を下げる効果もあるそうです。

言われてみれば当たり前かもしれませんが、人間の自律神経には交感神経と副交感神経があります。日々、仕事でストレスを感じているときに活性化するのが交感神経で、血圧を高めます。逆にリラックスすると副交感神経が活性化して、血圧を下げるらしいのです。つまり、イライラしたときこそ笑いを取り入れることで、身体のバランスの改善が見込めるということです。

仕事中、いよいよ崖っぷちに追い込まれて「もう笑うしかない」となることはよくありますが、それは身体をストレスから守るという意味でも理にかなっているわけです。困難に直面したときこそ、無理をしてでも笑い飛ばしてみてはいかがでしょう。**もれなく周囲から大物に見られるというメリットも付いてきます。**

32 中高年の恋愛は「情緒」が大事

肉体関係だけが恋愛ではない

楽しく生き る方法はたくさんありますが、その中でも特に〝効果的〟なのが、やはり恋をすることでしょう。

「何も中年になって」とか「女房がいるのに」「旦那がいるから」などと敬遠することはありません。恋愛とはいっても、肉体関係だけを意味するわけではないからです。

恋の甘い思いや心にしみ込む相手への思いは、生きているかぎり、誰の心にもあるはずです。そうした情緒とも言える思いをもし感じていないとすれば、それは日ごろの忙しさにかまけているか、「もうそんな年ではない」という不必要な分別を自分に言い聞かせているだけではないでしょうか。

ステキな女性を見て「あの人と話してみたい」と思うのは、未婚・既婚も年齢も問わず、ごく自然の感情です。

さらに、もし話すことができて自分の心に変化が感じられたなら、もうそれで十分でしょう。

きれいな景色を眺めたとき、「あの人が一緒だとうれしいな」と感じたら、それが情緒です。恋は肉体だけでなく、情緒が重要な部分を占めるのだと思います。

ただし、相手が既婚者の場合には、ゆめゆめのめり込んだり追いかけすぎたりしてはいけない。相手の家族も自分の家族も、大きく傷つけてしまうおそれがあるからです。下手をすると、夫婦の関係まで壊してしまうことにもなる。

それが本望ならまだしも、一時の感情に流されてはロクなことはありません。

だから、**あくまでも自分の心の中だけに秘めておき、決して周囲に悟られないよ**

うにする。それが中高年の恋愛マナーでしょう。

それでも心をときめかせていれば、日々の生活にハリが生まれる。少々くたびれてきた外見にも気を配り、おしゃれにもなるはずです。「今日はあの人の顔が見られる」と思えば、つらい仕事もがんばれるのではないでしょうか。

「初恋の人」は今、どこで何を?

僕は『黄昏流星群』の中で、中年男女のさまざまな人間模様を取り上げてきました。その中に、末期ガンになった人が、仕事も家庭も放り出し、今まで会いたくても会えなかった3人に会いに行く話があります。1人目は恩師、2人目は故郷の旧友、そして3人目が初恋の人です。

彼には妻子がいましたが、初恋の人を訪ね当てて再会し、焼けぼっくいに火がつきます。ところが、それが彼の身体に変化をもたらします。NK細胞が活発化し、ガンの進行が止まり、残りの日々を楽しんで生きることになったのです。

現実に、こういうことは可能でしょうか。**かつて自分が恋をした、または肉体的な関係のあった人は、誰でも振り返れば何人かを思い出せるでしょう。**数が多すぎて思い出せない人は別として、中でも印象深い人の1人や2人はいるはずです。

そういう人にいきなり会いに行くのは、明らかに迷惑です。あるいは相手がまったく覚えていなかったりして、ショックを受けるだけで終わる可能性もある。そんなリスクを避けるためにも、傍からこっそり見るのが関の山でしょう。

最近はフェイスブックなどのSNSを利用している人も数多くいます。物理的に近づくのではなく、電子的に検索して様子を探るというのが、まずはスマートかもしれません。その上でメッセージを送る勇気があれば、送ってみればいい。ただしどんなリアクションがあろうとなかろうと、それは自己責任です。

ここに生産性はありません。しかし、マンネリ化した日々から逸脱し、カンフル剤を打たれたようにドキドキすることは間違いない。それが「生きる喜び」というものではないでしょうか。

33 現実は漫画のようにはいかないが

「ステキな出会い」はほぼフィクション

僕の漫画に登場する男女は、ステキに出会って恋愛に発展することがよくあります。しかし現実では、なかなかそううまくはいきません。

ストーリーは取材や実体験をもとに練ることも多いのですが、ステキな部分はほとんどフィクションです。

例えば以前、スイスのツェルマットに行ったときのこと。マッターホルンの隣にある標高3800メートル超のクライネ・マッターホルンに、麓からロープウェイとゴンドラを乗り継いで登りました。言うまでもなく、山頂は絶景が眺められるヨーロッパ有数の人気スポットです。

ところが当日はあいにくの荒天で、山頂付近は吹雪らしい。それでも僕は「せっかくここまで来たんだから」と登ってみることにしました。

案の定、山頂は吹雪で、ほとんど客らしい客もいません。しかしその中に、たったひとりだけ若い女性の先客がいました。しかもそれは、明らかに日本人。「女性がこんな吹雪の中をひとりで来たのか」と妙に感心した覚えがあります。

現実の出来事はここまで。しかし、そこから想像力を膨らませて物語を作り上げました。それが『黄昏流星群』の第1話で描いたストーリーです。その後、その女性と宿泊先のホテルが同じだと知り、一緒に食事をすることになる。さらに帰国後に偶然再会し、恋が進展していく。そんな話に仕上げたわけです。

『黄昏流星群』ばかりではなく、『島耕作』も『加治隆介』も同様。きっかけは現実にあっても、後半はすべてフィクションです。「こうなったらいいのになぁ」という願望も込めていることは、言うまでもありません。

現実にも偶然の出会いはある

しかし長い一生の間には、誰でも物語になるような出会いの1つや2つは経験しているのではないでしょうか。**「事実は小説よりも奇なり」ということも、たまには起きるものです。**

例えば僕の場合、かなり以前に編集者たちとパリに行ったときのこと。男3人で凱旋門の下でタバコを吸っていたところ、少し離れたところに若い日本人女性がひとりで座っているのが目に入りました。彼女もタバコを吸っていましたが、その手慣れたしぐさが何とも魅力的。僕たちは「かわいい女の子だね。もしひとりだったら、声をかけて誘ってみようか」などと話したりしていました。

すると彼女のところに、僕たちより先に浮浪者のような男が近づき、「タバコをくれ」という感じでつきまといはじめます。僕たちは「助けに行こうか」と言いつつ固唾を呑んで見守っていたのですが、次の瞬間、女性はパッと立ち上がり、軽くこちらを見て風のように消えていきました。

「声をかけるチャンスを逃したな」と僕たちはため息をついたものです。

その日はそれで終わり。ところが、その旅の帰りの飛行機で僕たちは驚きました。キャビンアテンダントの1人が、あの凱旋門の彼女だったのです。僕たちは彼女に、今度こそ声をかけました。

「数日前に、あなたは凱旋門で浮浪者にタバコをねだられていたでしょ？」

すると彼女は、ニッコリほほ笑んで言いました。

「覚えていますけれど、あなたたちは助けてくれませんでしたよね」

彼女が僕たちを覚えていたことに驚き、そして感動を覚えたものです。

機内ではすっかり話が弾み、意気投合しました。

その後は東京で再会して恋愛に発展、と言いたいところですが、それはなし。その代わり、彼女の同僚のキャビンアテンダントさんと六本木で合コンをすることになりました。現実にも、ときどきこんなステキな出会いがあるものです。

34 中高年の恋はあきらめも肝心

中高年のセクハラ・パワハラはタチが悪い

いくつになっても恋愛するのは自由ですが、問題は、それが相手の迷惑になるケースです。**昨今よく話題になるセクハラはもちろん、ストーカー的な行為も犯罪でしかありません。**

ところが中高年になると、「これが最後のチャンス」と思って焦るためか、若い人より悪質なストーカーオヤジになることがあります。

自分が家庭を持っていても、おかまいなし。何度断られても、しつこく電話やメールで誘ったりする。まして相手が自分の部下だったりすると、そこにパワハラまで加えて気を惹こうとする。もう最悪の一語に尽きます。

だいたいストーカーというのは、かなりの割合で以前につき合っていた人を追いかけ回すようです。元恋人や元配偶者が被害に遭いやすいわけです。

その背景にあるのは、ある種の「甘え」でしょう。「よく知っている相手だから、少々つきまとってもそんなに悪いようにはしないだろう」と考えてしまう。

しつこければしつこいほど拒絶されるのが当たり前なのに、そういう常識的な判断すらできなくなってしまうわけです。

実はこれは、男女の関係だけとはかぎりません。

例えば芸事の世界では、弟子の志願者が師と仰ぐ人物の家の門の前に居座り、「私を弟子にしてください」とずっと頭を下げ続ける、という話をよく聞きます。雨が降ろうが雷が鳴ろうが去らず、「ここまでしている自分を認めて」という意識なのでしょう。そのうち相手が根負けして「よし、入りなさい」と言ってくれると期待しているわけです。

これは迷惑以外の何ものでもないでしょう。そういうことすらわからない人間に、人を惹きつける芸など身につくわけがありません。そんな暇やエネルギーがあるなら、ほかのことに精を出すべきだと思います。

1つの恋が終わったら、すぐに次を探す

話を恋愛に戻します。僕の場合、1つの恋や関係が終わったら、すぐに次を探すのがモットーです。

非常に冷たい人間のような気もしますが、うじうじと壊れた関係を修復しようとしてもムダ。かえってお互いに傷つけ合うだけです。**「片方がもうダメと思ったら、2人の関係は成立しない」というのが恋愛におけるマイルールです。**ストーカーになるくらいなら、このほうがずっとマシだと思います。

ただし、昨今の男は元気がなさすぎる気もしています。もちろんセクハラ・パワハラ・ストーカー行為に情状酌量の余地はありません。しかし、これらの言葉が普

及したおかげで、健全な男までどんどん萎縮しているのではないでしょうか。

昔から、世間にはセクハラもパワハラもありました。もしかしたら、江戸時代からあったかもしれません。しかしそういう言葉がなかったので、被害者は黙るしかなかった。男は調子に乗って、やはり甘えていたわけです。

しかし女性がどんどん声をあげるようになり、しかもネットで自由に書き込めるようになり、さらに最近はハリウッドを中心に「＃MeToo」という言葉まで流行り出した。

男としては、女性に対して腫れものに触るように神経を使わざるを得なくなっているのです。本来、男女は仲良くできる関係なのに、ちょっと面倒くさい時代になったなあという気がします。

こうした風潮に対し、フランスの大女優カトリーヌ・ドヌーヴが**「男がしつこく、不器用に女を口説くことは犯罪ではない」**と発言して物議を醸しました。是非はともかく、勇気づけられた男は多いのではないでしょうか。

35 50~60代で知り合った男と女の末路

老いらくの恋はみっともないか?

昭和30年代のベストセラーに、石川達三の『四十八歳の抵抗』という小説があります。48歳を肉体的にも精神的にも相当ボロボロな晩年ととらえ、それに抗おうとする男の物語です。

たしかに当時は平均寿命が60代であり、定年は55歳。定年から死ぬまで約10年間しかないので、48歳といえば終末に近いことになります。

しかし見方を変えれば、当時は平均寿命の10年前くらいまで当たり前に働いていたわけです。今日に置き換えるなら、平均寿命は男女ともに80代なので、70代くらいまでは働いてもいいことになります。

実際、今の48歳といえば現役バリバリだし、定年も年金支給も65歳まで延長されつつあります。70代まで働いても、まったく不自然ではありません。むしろ日々、刺激や緊張感があって、健康にもプラスではないでしょうか。

できるかぎりおしゃれをして、恋の1つや2つしてみる元気があってもいいでしょう。

高齢者が恋愛感情を抱くことを、世間では「老いらくの恋」「年寄りの冷や水」などと言います。どちらかと言えば、世間は高齢者の恋を歓迎しない傾向があるようです。特に家族が反対するという話はよく聞きます。

例えば、奥さんを亡くした高齢男性が、カルチャーセンターに通って中年女性と知り合い、いざ結婚という話まで発展することもあります。

しかしそういうとき、息子・娘をはじめとする家族はまず反対するでしょう。「みっともないからやめなさい」というわけです。

老いらくの恋を実現する大前提

しかし反対する理由は、「みっともない」だけではありません。

現実として、財産分与の問題が降り掛かってきます。おじいちゃんが亡くなったとき、直前に現れた中年女性に資産の半分を持っていかれるのは許せない、というわけです。

それが「老いらくの恋」の最大のボトルネックなら、結婚する前に相手の女性に「相続はしない」という一筆を入れてもらえばいい。女性が結婚に踏み切る条件はさまざまでしょうが、財産が目的ではないなら、断る理由はないでしょう。

あるいは、別に結婚という形を取らなくてもいい。場合によっては、一緒に住まなくてもいい気がします。

むしろ、**愛する人と離れた老後も悪くありません。いつも一緒にいるから、高齢者は些細なことでいさかいになるのです。**

特に50〜60代で知り合った男女は、それまで生きてきた自分のポリシーや考え方をかなり確立させています。それを同居とともに一変させようとすると、お互いにストレスが溜まります。

まさに百年の恋も一瞬で冷めてしまうわけで、かえって関係が壊れやすいのではないでしょうか。

お互いに家族との生活を大切にして、例えば1週間に2〜3回だけどこかで会う。あとはメールや電話でやりとりする。そうやって尊重し合いながら生きていくほうが、かえって長持ちすると思います。

つまりは、**恋人同士の形を維持するということです。**結婚をあまり意識しないという意味では10〜20代の感覚に戻るわけで、けっこう新鮮な気持ちになれるのではないでしょうか。

もちろん、そういう「老いらくの恋」を実現するには、体力・精神力ともに維持することが大前提です。50代の今から老け込んでいる場合ではありません。

栄光と挫折は生涯の中で
必ず訪れてくる。
それがセットになって人生。
だから人生は面白い。

『黄昏流星群（25）煌めかざる星』（小学館）

定年準備

7

人生のゴールに向けて

36

そろそろ健康にも気を配ろう

ストレスこそ万病のもと

いくら長寿社会になって80～90歳まで生き長らえたとしても、例えば20年間も寝たきり生活をしているようでは、かえってつらいでしょう。そうならないためには、やはり健康に気を使うことです。

特に50代ともなれば、若いころのようには無理が利かなくなります。今までまったく無頓着だったとしても、これからは多少のメンテナンスが必要でしょう。

しかし僕自身、偉そうなことは何一つ言えません。昔から今までほとんど節制してこなかったため、今やすっかりメタボ体型です。

「もっと痩せろ」とか「重労働は避けたほうがいい」とか、周囲からはいろいろ言われるのですが、なかなかそれを実践できないのがつらいところです。

ただし、**1つだけ気をつけているのは、ストレスを溜めないこと。僕はストレスこそ万病の原因だと思っているのです。**

ストレスを軽減できるなら、多少の酒もタバコもかまわない。それによって死期が多少早まったとしても、本人にとっては幸せなのではないでしょうか。

むしろ、無理をして禁酒・禁煙して肝臓や肺が強くなっても、それによってストレスを溜めて胃に穴があくようでは意味がありません。

では、**ストレスを溜めないにはどうすればいいか。端的に言えば、自分にとってもっとも快適な暮らし方を追求することだと思います。**

僕の場合は、まずゴルフ。理想は週1のペースでコースに出ることですが、現実には月1～2回程度しか行けていません。しかし、僕がよく行くゴルフ場はカートがないので、基本的に歩くしかない。これがけっこういい運動になっているのです。

ちなみに、ほかの会員も70歳前後の高齢者が多いのですが、もちろん全員が歩いています。そういう姿を見ると、「負けていられないな」という気になる。こういう些細な見栄や競争心も、健康づくりにひと役買っているような気がします。

中高年こそ厨房に入ろう

そして健康といえば、やはり食事でしょう。

僕は何でも好きなものを食べ、好きなものを飲む主義なので、講釈する資格はありません。しかし健康で長寿な人の話を伺うと、たいてい粗食のようです。肉食よりイワシやサンマなどの魚を好み、漬物や納豆、味噌汁を欠かさない、といったところでしょうか。

実は、健康的な食事をすることはさほど難しくないし、お金もあまりかかりません。例えば大根が1本あれば、1週間は持ちます。皮はすべて刻んで塩漬けにすれば漬物になる。葉も緑黄色野菜として使える。もちろん実もいろいろな料理に合わせられる。つまり丸ごと食べられるわけです。

あるいは栄養バランスを考えるなら、優等生は玉子です。1個あたりせいぜい20～30円程度だし、栄養価も高い。1日に1～2個ずつでも食べていれば、必要な要素はほぼ賄えるのではないでしょうか。それに牛乳も安い。1リットルで200円程度なので、3日に分けて飲むとすれば1日あたり70円程度です。必要なタンパク質やカルシウムを摂るには、おそらく最適でしょう。

そしてもう1つ、**料理そのものにチャレンジすることもおすすめしたい。**一般家庭なら鍋や包丁もそろっている。今やレシピは山のようにある。やろうと思えばすぐにでもできます。

料理は段取りが大事なので脳トレにもなるし、うまいと思えるものを自分で作れる楽しみもあります。スーパーに買い出しに行けば物価や景気動向もわかります。そして上達すれば、確実にモテます。これから老後に向けて、やらない手はないでしょう。

37

死ぬ自由を選択できる時代へ

「人生定年制」の時代が来る?

チャールトン・ヘストン主演の、『ソイレント・グリーン』という古いSF映画があります。『人間がいっぱい』というSF小説を映画化したものですが、人口爆発に直面した社会に「人生定年制」が導入され、一定の年齢に達した人は自ら工場に行って命を絶つという話です。

その際には本人の意思が尊重され、好きな音楽を聴き、好きな景色を見ながら逝くことができる。もう1人の主人公の老人は、ベートーヴェンの「田園」を聴き、地球が美しかったころの大自然の映像を見ながら死んでいくのです。つまりは安楽死です。

遺体はその工場で緑色のビスケットに再生され、食糧難で苦しむ人々の糧になっていく。そのビスケットが「ソイレント・グリーン」と呼ばれ、映画のタイトルになっているわけです。

いささか不気味な話ではありますが、近い将来、これと似たようなことが現実になるかもしれません。僕はそれを悲観ではなく、楽観として期待しています。

周知のとおり、日本人の平均寿命はどんどん伸びています。しかし、**ずっと元気なまま長生きできるならいいですが、現実にはそうではないことも多々あります。**病院のベッドに寝たきりになり、場合によってはいろいろな管でつながれ、意識もはっきりしないまま生き長らえていたりする。それが本当に幸せな生き方と言えるでしょうか。

ならばいっそ、自分の好きなときに好きな場所で死ねたほうがいい。つまりは安楽死を選択できる自由があってもいいと思います。

すでにアメリカでは、いくつかの州で安楽死を認める法案が成立しています。ヨーロッパでも、スイスをはじめ、オランダ、ベルギー、ルクセンブルクが合法化しています。直近では、カナダや韓国でも認められる方向に動き出しました。

世界有数の長寿国である日本も、そのうち真剣に検討する時代になると思います。

延命治療に意味はあるか？

その手始めとして、まず延命治療は止めたほうがいい。いわゆる尊厳死の問題です。**人間というのは遅かれ早かれ必ず死ぬわけです。それをわずかに引き伸ばしたとしても、あまり意味のあることとは思えません。**

例えば、飛行機が着陸態勢に入ってソフトランディングしているとします。ところがいよいよ着陸というとき、無理やり燃料を注入して飛び立たせたとしても、もう行き場はありません。せいぜい上空を旋回してふたたび着陸態勢に入るだけです。これでは、誰のためにもならないでしょう。

これは、高齢者だけの問題ではありません。例えば50代ともなれば、そろそろ身体のあちこちにガタが来ます。重い病気に罹ることもあるでしょう。

そんなとき、もし手術しても助からない状態なら、手術や治療を拒否することもできます。**これを「リビング・ウィル」と言いますが、意識がはっきりしているうちに意思表示しておくことで、それが尊重されるというものです。**

実際、自分がその立場になったとき、これを希望する人は多いのではないでしょうか。もう助からないとわかっていれば、手術は拒否するはずです。意識が朦朧《もうろう》とした状態で長生きはしたくない。それなら意識がしっかりしているうちに、やりたいことをやっておきたいと考えると思います。

むしろそのほうが、多少寿命は短くなっても充実した生き方ができるのではないでしょうか。

38

尊厳死・安楽死のあり方を真剣に考えよう

家族の負担を考えると

尊厳死や安楽死は、社会全体の問題にも大きくかかわってきます。

下世話な話ですが、まずはお金の問題。ひとたび入院や手術をすると、それだけで年間数百万円というたいへんな費用がかかる場合があります。状態が悪ければ、それだけ費用も嵩《かさ》むでしょう。

本人が蓄えた財産から支払うなら、それは自由です。しかし子どもなどの家族が払うとなると、たいへんな負担になります。場合によっては借金まで必要になるかもしれません。

それによって多少延命できる程度なら、あまり価値のあるお金の使い方とは言えないでしょう。それなら、尊厳死や安楽死を選択したほうが、家族への負担は圧倒的に減るはずです。

あるいは日本全体を考えても、高齢者の増加による医療費の増大は深刻な問題です。「人生１００年時代」といえば聞こえはいいですが、だいたい70歳を過ぎれば社会に貢献するより支援してもらう一方でしょう。

そういう世代が圧倒的に増えていく時代が本当に幸せなのか、国家の財政は持ち堪えることができるのか、真剣に考える時期に来ていると思います。

冷徹なことを言いますが、その緩和策としての尊厳死・安楽死だとすれば、その恩恵を受けるのは日本を担う現役世代や将来世代です。先に紹介した映画『ソイレント・グリーン』のように、自らの死が彼らの一助になると考えれば、けっして悪い話ではないでしょう。

長寿が幸福とはかぎらない

あるいは身体に問題がなかったとしても、生きづらさを感じている高齢者は少なくないと思います。その最たる例が、いわゆる老々介護でしょう。

昨今でも、80代の夫婦とか、90代と70代の親子などが、自宅で衰弱死していたり、相手を殺した後で自分も命を絶ったりという悲劇が頻繁に起きています。国の福祉政策や自治体によるケアの不備を指摘する声もあると思います。

何らかの形で救い出すことができれば、それに越したことはありません。しかし、本人たちがそれを望まない場合もあるでしょう。もう世の中に未練はないし、やることもないし、悲しむ人もいない。ならばいっそ自分の意思で死なせてほしいと思う人もいるはずです。

安楽死は、それを法律的に認めるということです。少なくともひっそりと衰弱死するよりは、人間としての尊厳も保たれるのではないでしょうか。

さらに言えば、地球上の人口は今世紀中に１００億人を超えると言われています。このままいけば、地球規模で食糧不足になることは必至です。

するとある時点で、「人間をこんなに増やしてはいけない」という何かの力を働かせなければいけなくなります。最悪の場合、食糧や資源を奪い合うための戦争も起こり得ます。それによって一定の人口は減るでしょうが、そんな事態は世界中の誰もが望まないはずです。

それを避けるための人間のささやかな知恵は、**「生きる権利があるならば、死ぬ権利もあるはず」ということを常識化することだと思います。**

つまりは、安楽死をもっと一般化することです。

もちろん、長生きしたい人は存分にすればいい。しかし、自分のライフプランの中にエンディングまで組み入れる人がいてもいい。

「長寿が幸福」という固定観念を見直すことで、救われる人も多いのではないでしょうか。

39

笑いながら死ねれば本望

「死ぬことと見つけたり」の精神とは？

50代であれば、まだ自身の死を意識することはないかもしれません。しかし人生の後半戦であることは間違いないので、そろそろゴールを見据えておいてもいいでしょう。つまりは、いかに死んでみせるかということです。

死ぬときは、安らかな気持ちで笑っていられるのが理想です。

ではどうしたら、そんな心境になれるのか。

例えば、日本人の3～4人に1人はガンで亡くなっています。闘病の期間が長くなりがちで、場合によっては「余命○カ月」と告げられることもあります。家族としては生きる意欲を削がないために、本人に正確な病状を告げないこともよくあります。

しかし僕は、もし「余命○カ月」と言われても、家族にはきちんと告知してもらいたいと思っています。残された時間で何をするかを考えたいし、いろいろな人に感謝の気持ちも伝えたい。遺書や辞世の句を残してもいいかもしれない。

要するに、最後の時間をムダに過ごしたくないのです。

武士道を説いた『葉隠』の冒頭に、「武士道といふは死ぬことと見つけたり」という有名な一文があります。

これは「早く死ね」と言っているのではなく、**「いつ死んでもいいという覚悟を決めて、日々を充実させて生きよ」**という意味です。余命がわかったら、こんな心境になるのではないでしょうか。

それに、家族にも余計な気苦労をさせたくない。

かつて名優ジョン・ウェインがガンで亡くなったときも、最後まで「痛い」とはひと言も言わなかったそうです。

どれほど痛くても、それだけは言うまい、カッコいいイメージのままで死にたいと心に決めていたのでしょう。彼は最後まで〝名優〟だったわけです。僕も、できればかくありたいと願っています。

生きている間を愉快に

ただし、いざとなると人間は弱いものです。死の間際に醜態を晒してしまうかもしれません。

例えば江戸時代、禅宗の高僧であり、絵画にも才能を発揮した仙厓《せんがい》和尚でさえ、88歳で亡くなる間際になって「まだ死にとうない、死にとうない」と何度も嘆いたそうです。修行を積んだはずの僧でさえこうなのですから、凡人である僕が平常心でいられる保証はありません。

僕の先輩や友人も、これまで何人も亡くなっています。その中には、やはり気丈に振る舞いつつ、間際になって泣きわめく男もいました。

あるいはガンで夭折した大学の先輩も、最後はすっかり弱気になっていました。

もともと無頼派を気取るようなところがあったのですが、僕が病院に見舞いに行くと、手を握りながら「ありがとう」と何度も頭を下げるのです。

亡くなった後、奥さんから伺った話では、母校の早稲田のことをずっとバカにしていたはずなのに、亡くなる数日前には意識を混濁させながら「都の西北」を歌っていたとのこと。

「いろいろ強がって生きてきたんだな、つらかっただろうな」と、急に寂しさや愛おしさのようなものがこみ上げてきた覚えがあります。

笑いながら死ぬというのは、なかなか難しいかもしれません。

だからこそ、生きている間をできるだけ愉快に過ごす。

それは日々、「死ぬことと見つけたり」の精神で精一杯生きることと通じるのではないでしょうか。

おわりに　人生後半を楽しむための3つのコツ

「人生を楽しもう」という言い方をよく聞きます。もちろん僕も大賛成で、「人生は楽しんだもの勝ち」だと思っています。特に酸いも甘いも噛み分けた50代こそ、こういう心意気が大事なのではないでしょうか。

では「楽しむ」とは何なのか。僕なりに分析すると、ここには3つのコツがあるように思います。

コツ1　自分なりの「ものさし」を持つ

これまでは、もしかしたら出世や肩書、年収などが最大の〝楽しみ〟だったかもしれません。あるいは子どもの成長や家族のために家やクルマを買うことがモチベーションだった人もいると思います。

しかしこれらは、「社会のものさし」に過ぎません。50代になると、そのものさしがそろそろ限界を迎えます。出世にせよ子育てにせよ、だいたいケリが付くころではないでしょうか。

だとすれば、そこから先は自分のものさしを持つ、または作るしかありません。**自分が何をやりたいのか、これから30~40年にわたる人生後半をどう過ごしたいかを考えておくということです。**

何も思いつかないなら、それでもけっこう。定年を迎える60~65歳までに、いろいろ見聞きしながらゆっくり練ってみてはいかがでしょう。その意味で50代は、60歳以降の人生を楽しむための助走期間だと思います。

コツ2 世の中の見方を変える

僕は自他ともに認める楽観主義者です。70歳を過ぎてなお締め切りに追われ、簡単に休むことも許されず、しかも人気が落ちればたちまちお払い箱になるという、かなり過酷な環境に身を置いてきました。

それでも続けてこられたのは、もちろん「漫画が好き」ということが最大の理由ですが、どんな状況でも常に「なんとかなる」「それがどうした」と前向きにとらえてきたことも大きいと思います。

例えば、日常で腹の立つことはいろいろあります。しかし次の瞬間、「怒るのはエネルギーと時間のムダ」と自分に言い聞かせる。そのリソースを楽しいこと、面白いことに振り向けようと考えるわけです。

あるいは、仕事上の人間関係にストレスを感じている人は少なくないと思います。そういう場合にも、「一生つき合うわけではない」「相手を反面教師にして自分に活かそう」（僕の場合は、漫画に活かそう）などとプラスに考えれば、落ち込むこともありません。

本書の冒頭でも述べましたが、「悲観は気分、楽観は意志」の問題です。**状況がどうであれ、それを意志の力で楽観的にとらえることは可能なのです。**また体力や気力が落ち気味になる50代こそ、こういう心構えが必要なのではないでしょうか。

コツ3 常に社会とかかわる

定年後に行く場所もなく、ずっと家に引きこもって奥さんに煙たがられる、という話はよく聞きます。社会から隔絶され、日がな1日やることもなくボーッとしているのは、健康面にも精神面にもよくありません。

そうならないためには、**50代の今のうちに行く場所、行きたい場所を作っておくことです。**本書でもいろいろ述べてきましたが、例えば60歳以降も働ける場を確保するのも、1つの方法でしょう。どの業界も人手不足の昨今、高齢でも技術や経験を活かせる場は少なくないと思います。

あるいは自ら起業するとか、ボランティアに参加するとか、趣味のサークルに入るとか、社会とつながりを持つ方法はいろいろあります。その気になってネットなどで調べてみれば、その手の情報は無数にあるはずです。

人とかかわるのが億劫なら、あちこち旅行してみるだけでもいい。別に観光地へ大名旅行する必要はないので、お金もさしてかかりません。


いずれにせよ、社会とかかわって環境が変われば、「自分のものさし」の指針も変わるし、「世の中の見方」も変わります。

それがまた「社会とかかわろう」という意欲も高める。

第二の人生の助走期間に、この循環に乗ることができれば、これから迎える人生後半は必然的に楽しくなるのではないでしょうか。

【著者紹介】

弘兼憲史（ひろかね　けんし）
1947年山口県生まれ。早稲田大学法学部卒業後、松下電器産業（現・パナソニック）に入社。73年退職、74年『風薫る』で漫画家デビュー。その後『人間交差点』で小学館漫画賞、『課長 島耕作』で講談社漫画賞、『黄昏流星群』で文化庁メディア芸術祭マンガ部門優秀賞、日本漫画家協会賞大賞を受賞し、2007年紫綬褒章を受章。『50歳からの「死に方」』（廣済堂出版）、『弘兼憲史流「新老人」のススメ』（徳間書店）、『弘兼流 60歳からの手ぶら人生』（海竜社）、『弘兼流 60歳からの楽々男メシ』（マガジンハウス）、『弘兼流「ひとり力」で孤独を楽しむ』（PHP研究所）ほか、中高年の生き方に関する著作も多い。

弘兼流 50歳からの定年準備
人生後半を自分のために生きるコツ

2018年8月23日発行

著　者――弘兼憲史
発行者――駒橋憲一
発行所――東洋経済新報社
〒103-8345　東京都中央区日本橋本石町 1-2-1
電話＝東洋経済コールセンター　03(5605)7021
https://toyokeizai.net/

DTP…………………アイランドコレクション
装　丁…………………鈴木正道
カバーイラスト…………弘兼憲史
編集協力……………島田栄昭
印刷・製本…………廣済堂
編集担当……………水野一誠
　Printed in Japan　ISBN 978-4-492-04628-9